Carbonara
S. Caterina a Formiello
Porta Capuana
Gesù d. Monache
Ss. Apostoli
Largo dei Santi Apostoli
Santa Maria Donnaregina
Piazza Enrico De Nicola
Piazza Principe Umberto
Corso Novara
Via Firenze
Via Bologna
Via Torino
Via Milano
Via A. Poerio
Castel Capuano
Istituto di Anatomia
1 Largo Donnaregina
2
1=Vicoletto Donnaregina
2=Via Donnaregina
3=Vicoletto 1° Santa Maria ad Agnone
Duomo
Girolamini
Pinacoteca
Pio Monte d. Misericordia
P.za Sisto Riario Sforza
P.tta S. Capuano
Via Duomo
Via dei Tribunali
Via Maddalena
Via P. S. Mancini
Piazza Giuseppe Garibaldi
Stazione Centrale F. S.
Garibaldi
Corso
Colletta
Via dell'Annunziata
Santissima Annunziata
S. Paolo Maggiore
Piazza dei Girolamini
S. Lorenzo Maggiore
Pal. di Filippo di Valois
P.tta S. Gregorio Armeno
S. Gregorio Armeno
Palazzo Marigliano
S. Giorgio Maggiore
Forcella
Via Vicaria Vecchia
Via Sant'Agostino alla Zecca
S. Agostino della Zecca
Pal. Spinelli di Laurino
Pal. Sansevero
Pal. Santangelo
Pal. Carafa di Maddaloni
Monte di Pietà
Ss. Sossio e Severino
Archivio di Stato
Pal. Como (Mus. Filangieri)
S. Angelo Nilo
S. Maria Donnaromita
S. Maria di Monte Vergine
P.za San Marcellino
Gesù Vecchio
Università degli Studi Federico II
Via Mezzocannone
S. Giovanni Maggiore
Piazza Nicola Amore
Piazza Portanova
Via Nuova Marina
Corso Umberto I
S. Pietro Martire
P.tta Principessa Margharita
P.tta Orefici
Via Loggia di Genova
Piazza Mercato
Piazza del Mercato
S. Eligio Maggiore
Purgatorio a Mercato
Piazza del Carmine
S. Maria del Carmine
Piazza G. Pepe
Piazza Masaniello
Porta del Carmine
Via Amerigo Vespucci
Via della Marinella
Ospedale S. Maria di Loreto Mare
Vico Sempreviva
Via Enrico Cosenz
Varco Carmine
Varco Duomo
Calata Villa del Popolo
Piazzale C. Pisacane
Capitaneria di Porto
Molo C. Pisacane
Immacolatella Nuova
Calata Porta di Massa
Molo del Carmine
Darsena Bacini
Piazza Fontana di Nettuno
Via De Gasperi
Via Alcide De Gasperi
S. Maria di Porto Salvo
Varco Immacolatella Vecchia
Molo Immacolatella Vecchia
Via Cristoforo Colombo
Nuova Calata Piliero
Bacino del Piliero
Molo Martello
Molo Cesario Console
Varco Angioino
Eliporto
Piazzale Stazione Marittima
Molo Angioino
Stazione Marittima
Beverello
Avamporto Ammiraglio Francesco Caracciolo
Bacino Angioino
Cagliari, Catania, Eolie, Malta, Milazzo, Palermo
Capri, Ischia, Ponza, Procida, Sorrento
San Vincenzo
Molo San Vincenzo
Santa Lucia
N
0
200m
HUBER KARTOGRAPHIE

Domenico Rea
Neapel zwischen Nacht und Morgengrauen

Aus dem Italienischen von Anna Leube und Victoria Leube-Dasch

Carl Hanser Verlag

Ursprünglich erschienen die Texte, von denen hier eine Auswahl erscheint, von Ende 1985 an unter dem Titel *Pensieri della notte* als Glossen in der Zeitung *Il Mattino*. 1987 wurden sie bei Rusconi in Mailand publiziert und 2006 neu aufgelgt von den Edizioni Dante & Descartes von Raimondo Di Maio in Neapel.

1 2 3 4 5 15 14 13 12 11

ISBN 978-3-446-23641-7

Satz: Fotosatz Reinhard Amann, Aichstetten
Druck und Bindung: Friedrich Pustet, Regensburg
Printed in Germany

Inhalt

Vorwort

K. R., aus gutbürgerlichem Hause, aber in ärmlichen Verhältnissen lebend, Bewohner der Quartieri spagnoli, wurde zum drittenmal gezwungen, aus seiner Wohnung zu fliehen. Ein erstes Mal, um der Cholera zu entkommen, die das ganze Viertel heimgesucht hatte; ein zweites Mal, um dem Erdbeben zu entgehen, und das dritte Mal, als er bei einem Verwandten in der Nähe von Sant'Erasmo wohnte, wo sich das ganze Erdöl dieser Welt befindet, um sich vor der Explosion und dem Brand von siebzig Millionen Litern Benzin zu retten. Auf meine Frage nach dem Schlimmsten, was einem Nomaden in seiner eigenen Stadt passieren kann, antwortete er mir: »Der Verlust des Klos. Wenn man das eigene verliert, muss man es mit mindestens zehn anderen Personen benutzen.«

Niemand in Neapel kann sicher sein, auch wenn er in einem anständigen Viertel wohnt, in dem Bett aufzuwachen, in dem er am Abend vorher eingeschlafen ist. Man weiß nie, wozu sich der Vesuv, diese Sphinx, die seit vierzig Jahren im Hinterhalt wartet, dieser Vater von Explosionen, Eruptionen und Erdbeben, entscheiden könnte. Man weiß, dass er einen riesigen Pfropfen hat, der früher oder später explodieren muss.

Pozzuoli, seit eh und je ein tänzelndes Stück Erde, das sich hebt und senkt, gestattet es niemandem, ruhig zu schlafen. Ursprünglich wurde die Stadt für zehntausend Menschen angelegt; jetzt leben dort siebzigtausend. Schon zur Zeit der alten Römer gefährdet, könnte sie irgendwann bis auf die Grundmauern der Wohnblöcke einstürzen.

Es gibt in Neapel etwas Unstabiles, das ständig neue Grenzen zieht. Die Felsen heben und senken sich. Die Straßen geben nach oder werden bucklig. Unversehens schwebt ein Gebäude über dem Abgrund. Eine sommerliche Atmosphäre kann binnen weniger Stunden winterlich und höllisch werden. Ein stürmischer Himmel wie auf Bildern von Goya wird eine Sekunde später strahlendblau.

Aus diesem Grund ist der Charakter der Neapolitaner so unbeständig. Immer haben sie das Bündel mit den Wertsachen in Reichweite. Wertvoll sein kann auch ein Handtuch, ein Paar Schuhe, ein Laib Brot, denn bevor man eine Unterkunft findet, vergehen Tage oder Monate. Da gibt es einen Herrn, der mit der Brille auf der Nase und mit den falschen Zähnen im Mund einschläft aus Furcht, nachts plötzlich fliehen zu müssen. Ein anderer schläft mit einer Spitzhacke und einer Gaslampe neben seinem Bett, um sich durch die Erd- und Schuttmassen einen Weg zu bahnen, sollte sein Haus einstürzen.

Vierzig Prozent der Neapolitaner wohnen in alten oder heruntergekommenen Häusern. In manchen Straßen meint man, man befinde sich noch im siebzehnten Jahrhundert. In der Nachkriegszeit nannte man Neapel die Stadt der Einstürze. In Neapel stürzt immer etwas ein, und nichts ist stabiler als die Unsicherheit.

Es ist eine Stadt von Nomaden, die sich einmal da, einmal dort aufhalten. Sie möchten wegziehen, aber wohin? Sie sitzen in der Falle vor einer Wand aus bedrohlichem Schmutz, die aussieht, als würde sie sich bewegen und gleich zum Angriff übergehen.

Das Verhängnis vollzieht sich schrittweise. Einmal trifft es die Gassen der Altstadt wegen der Cholera oder wegen eines gefährlichen Virus (die Kinder sterben wie die Fliegen), ein anderes Mal die Bewohner des Posillip oder von Bagnoli, weil sich im nahen Pozzuoli ständig die Erde bewegt. Alle sind ewig am Überlegen, ob sie weggehen sollen oder nicht. Jeder betrachtet argwöhnisch seine Behausung. Wie lange wird sie Bestand haben? Immer ist etwas dringend, immer ist etwas ungewiss. Immer gibt es Bewohner, die ein paar Jahre in einem heruntergekommenen Hotel, in Containern oder bei Verwandten wohnen müssen – letzteres ist die schlimmste Lösung.

Um die Fabriken herum leben und vermehren sich die Bewohner, so geschehen bei Italsider, bei Pirelli, bei Olivetti, bei Soter, bei Alfasud. Pomigliano d'Arco war ein Wallfahrtsort und ist eine Metropole geworden. »Haut aus Neapel ab!« rief Signor Eduardo de Filippo einige Jahre vor seinem Tod. Und der Übervater ging 1950 für immer weg mit allen sogenannten klugen Köpfen: Politikern, Schriftstellern, Regisseuren, Verwaltungs- und hohen Staatsbeamten. Jetzt kommen sie nur noch, um ein letztes Mal die Luft von Neapel zu atmen, und dann – nichts wie weg. Die anderen sitzen in der Falle. Eine der bevölkerungsreichsten Städte Italiens – eineinhalb Millionen Einwohner und eineinhalb Millionen Pendler: Mitglieder der Camorra, Leute, die beschäftigt sind mit Erpressung, mit Handtaschenraub, Zigaretten- und Drogenschmuggel –, die Stadt mit dem dichtesten Verkehr (man braucht eine Stunde für zwei Kilometer), ist in Wirklichkeit zum Stillstand verurteilt.

Der Verkehr verstopft die Stadt wie ein Stück Torrone. Man lebt wie auf dem Dorf. Um einen Gegenstand zu kaufen, den man nicht in den Läden des Posillip bekommt, sondern nur in der Nähe des Bahnhofs, muss man manchmal ein Jahr warten. Und wehe, man wählt einen Friseur an einem entfernten Ort. Das Haar wird zum Dschungel. Wehe – um ein anderes Beispiel zu bringen –, man will auf den Vomero, die ehemalige Sommerfrische auf der Höhe: da läuft man Gefahr, zwischen vierhunderttausend Menschen und sechshunderttausend Autos steckenzubleiben und erst in tiefer Nacht oder am nächsten Tag zurückzukehren.

Das einzige, was man in dieser Stadt gut machen kann, ist,

jederzeit mit dem Bündel mit den Wertsachen zu fliehen. Jawohl, weil man bei der Flucht zu Fuß geht und wie in den Zeiten der historischen Katastrophen das Lazarett erreicht.

Am Hafen von Pozzuoli

Gestern nacht war es wirklich schlimm. Ich legte mich um halb zwölf hin und wachte um zwei Uhr auf. Um sich von zwei auf zehn nach zwei zu bewegen, brauchte die Uhr ungefähr zehn Stunden. Also habe ich begonnen, das Buch des ersten Weltreisenden wiederzulesen: Ibn Battuta, ein Araber, war stets von Kopf bis Fuß bekleidet, um nicht von den Strahlen der Sonne getroffen zu werden. Ans Schlafen dachte er nicht mal im Traum. Weder bei Tag noch bei Nacht verlor er auch nur eine Minute. Er sagte, der Schlaf sei ein Vorgeschmack auf den Tod, und ich persönlich ziehe es vor, noch nicht davon zu kosten.

Bestärkt durch das Beispiel dieses passionierten Reisenden (er drang bis an die Pforten Chinas vor), stand ich auf, machte mir einen Kaffee und zog dann los, durch die ausgestorbene Via Petrarca und die Via Coroglio bis nach Pozzuoli. Sind Sie nie zwischen Morgendämmerung und Sonnenaufgang in Pozzuoli gewesen? Ein großer Fehler. Hier schwebt alles in der Luft. Pozzuoli sieht aus wie eine Luftspiegelung, wie auf einer antiken Landkarte. Das Meer ist voll von Handelsschiffen, die aussehen wie Walfangboote oder Schiffe in Quarantäne, aber auch von kleineren und größeren Booten.

Und am Hafen so viele Leute … Leute, die in Eile sind und sich auf Schritt und Tritt anrempeln. Barfüßige Männer mit hochgekrempelten Hosenbeinen und einem Taschentuch um den Kopf wie die Korsaren. Alte Männer, versteckt hinter einem Eimer mit ein paar lebenden Fischen, in Erwartung eines Käufers. Energische, übermütige Frauen, die *panelle* verkaufen, gerader als die der Männer, inmitten des Dufts nach Kaffee, der in Schwaden aus den kleinen Bars dringt. Man verkauft keine Brioches, sondern in Rum getränkte Babàs, kleine Gläschen Brandy und Anisschnaps. Es ist dies eine merkwürdige Ansammlung von Menschen, die man wenig später nicht mehr antrifft.

Diese Welt des orientalisch angehauchten Handels fasziniert mich, und ich glaube, dass hier oder ganz in der Nähe die Griechen an Land gingen und dann nach Capua weiterzogen, während die Römer sich dort niederließen, überzeugt, dass eine tänzelnde Erde, eben weil sie tänzelt, nicht zugrunde gehen kann. Sie überrumpelt die Erdbeben und bezwingt sie. Und aus dieser Überzeugung heraus bauten die Römer den ersten Hafen am Mittelmeer mit zwei Märkten: dem Fischmarkt und dem Obst- und Gemüsemarkt. Hier wurde Trimalchio reich, hier bewirtete er Petronius und andere Schmarotzer und veranstaltete die berühmten Orgien: mit anderen Worten, große Fressgelage und große Furzereien, denn viel mehr als das, da bin ich mir sicher, passierte nicht.

In Pozzuoli ist der Horizont morgens direkt über dem Meer. Die Hochseekutter, die noch beleuchtet sind, scheinen über dem dunkelblauen Wasser zu schweben. Schön sind sie, solide, unbewegt, schwarz und rot. Sie kommen von allen Weltmeeren und entladen Blöcke mit Eis und den Fischen darin, um sie all denen zu verkaufen, die nichts davon verstehen. Sardinen, Sardellen, *aguglie*, Drachenköpfe, *guarracini, rutunnielli*, in tropfenden Körben zusammengequetscht, sehen aus wie Bewaffnete auf einem Kreuzzug.

Aber ich, getreuer Schüler von Professor Dohrn, halte mich nur an lebende Fische. Und in Pozzuoli, wie bei Tetè in Mergellina, gibt es lebende Fische in Hülle und Fülle für den, der sie bezahlen kann.

Der eine Kunde steckt ihnen den Finger ins Maul, der andere stupst sie mit einem Stöckchen. Die Tintenfische versuchen, über den Rand der Bottiche oder auf den Arm des Laufburschen zu klettern. Die gebratenen Fische aus dem ersten Fang sind nachgerade rührend. Die Fischlein sehen aus wie Neugeborene in der Wiege, die keine Luft kriegen. Und während ich lebende Fische für eine Suppe kaufe, betrachte ich verstohlen einen Drachenkopf, der mich mitleiderregend anschaut wie eine arme Seele im Fegefeuer. Aber ich Zyniker zeige beim Fischverkäufer genau auf ihn.

»Lebt der wirklich noch, Tetè?«

»Was denn sonst, sehen Sie das nicht?«

»Aber woher stammt er?«

»Woher soll er denn stammen? Sie glauben also auch den ganzen Blödsinn, der in den Zeitungen steht? Von hier stammt der Fisch und die ganzen anderen auch.«

Er schält eine Garnele und steckt sie sich in den Mund.

»Die schmeckt wie Milch. Probieren Sie. Essen Sie.«

Es war Tag geworden. Von allen Seiten begannen Autos und Landsknechte aufzutauchen. Da fand ich es besser, mich zu Hause zu verstecken, in Erwartung der nächsten Nacht.

Die Müllabfuhr

Pünktlich wie immer, und darauf legt er den größten Wert, kam mein Freund, der Philosophielehrer Igalo, um halb zwei zu mir, und um zwei brachen wir mit meiner Klapperkiste auf. Wir konnten Fritz, meinen Kater, unmöglich zu Hause lassen, er selbst brachte Igalo sein Halsband mit den Glöckchen im Maul. Igalo hatte mir gesagt, er habe schon gegessen, und auch ich hatte gegessen – wie üblich Pasta mit Peperoncino –, und deshalb gingen wir gleich bummeln, ohne ein bestimmtes Ziel.

Gewöhnlich verabreden wir, welche Gegend wir erkunden wollen, weil Neapel so ganz und gar verschiedene Viertel hat, weshalb wir glauben, dass bis vor kurzem die Bewohner des Posillip nicht die von Forcella kannten, und die einen wie die anderen hatten verschiedene Gewohnheiten und Bräuche. Wir sind davon überzeugt, dass Neapel wie die Vereinigten Staaten war. Die Emigranten waren die Rüpel aus Resina oder Pollena Trocchia und so weiter (Pulcinella war ein Rüpel aus Acerra, daher sein komisches Benehmen und seine komische Art zu sprechen); die Städter waren die Bewohner von Porta Capuana oder vom Marktviertel oder von Stella; die Bauern stammten aus Villanova oder vom Vomero, die Fischer aus

Santa Lucia oder vom Posillip; worunter jedoch alle zu leiden hatten, war die Grausamkeit der Könige und der Barone. Während ich mit Igalo noch über viele andere Dinge plauderte, die er, ein sehr gut informierter Mensch, als »anthropologische Wissenschaften« bezeichnet, auch damit es besser klingt, hielten wir in der einzigen fast englischen Straße Neapels, der Via Filangieri, dort, wo der Vico Cavallerizza abzweigt.

Hätten wir das bloß nicht gemacht! Beinahe wären wir in einem Berg von Müll gelandet. Dass es soviel Unrat in einer Straße geben konnte, die zu den respektabelsten Straßen von ganz Neapel gehört! Es sah aus, als sei dieser ekelerregende Müll aus dem Metallcontainter herausgeschleudert worden. Die Mülltonne war unter dem überquellenden Abfall verschwunden, der bis zur Mitte der Straße verstreut umherlag: Obst-, Muschel- und Melonenschalen, in Papier gewickelte Sardinenköpfe, Konservendosen, zerquetschte Tomaten und so weiter und so fort, wie die Schleppe … einer Braut. Der Gestank war bestialisch, es roch nach Friedhof, nach Verwesung, nach verdorbenen Meeresfrüchten, die den Weg durch den Darm hinter sich haben.

Ich und Igalo, wir haben uns ein Taschentuch vor die Nase gehalten; meines ist immer mit ein paar Tropfen Chabrol befeuchtet, das ich in der Jermyn Street in London gekauft habe (in Neapel ist es in der Straßenbahn oder der U-Bahn und inzwischen auch auf der Straße immer gut, etwas gegen den scheußlichen Gestank dabeizuhaben), während Fritz, der schließlich doch ein Tier ist, unruhig wurde, weil er raus aus dem Auto und seinen tierischen Leckerbissen unter all diesen Gottesgaben suchen wollte. Genau in dem Moment kam der fürchterliche Müllwagen. Die Müllmänner sahen gar nicht so sehr aus wie Angestellte der städtischen Müllabfuhr oder Straßenkehrer – schlampig, schmutzig, mit Armen wie Zwangsarbeiter oder auch wie Schwindsüchtige –, sondern wie die Leute, die in Zeiten der Pest die Toten abtransportierten. Der Chef stürzte sich sofort auf den Berg aus Abfall, fluchte und schimpfte: »Und das hier soll eine herrschaftliche Straße sein? Was haben sie bloß in dieser Woche gemacht? Hatten sie alle miteinander Durchfall? Pascà, diese Beutel sind alle gerissen.« Er nahm einen gutverpackten Sack hoch, aber der rutschte ihm aus der Hand. Er war zu glitschig, und deshalb musste er sich von seinen Kollegen helfen lassen. Igalo und mir taten diese armen Teufel direkt leid wegen ihrer harten, schmutzigen Arbeit; wir ließen Fritz im Auto und näherten uns ihnen, immer mit dem Taschentuch vor der Nase. Igalo, der eigentlich sehr schüchtern ist, aber auch merkwürdige Anwandlungen von Mut zeigt, fragte den, der anscheinend der Leithammel war: »Guter Mann, erkennen Sie eigentlich am Müllbeutel, von wem er stammt?«

»Natürlich«, antwortete der Mann mit den Glutaugen, »das ist ganz leicht. Sehen Sie: das hier sind Stockfischgräten und Kichererbsen. Das muss einer aus Vicenza sein. Ich habe in Vicenza den Militärdienst gemacht, und die essen dort von morgens bis abends Stockfisch. Hier ist ein Rest Bohnen mit Tomaten. Das war sicher ein Neapolitaner. Und der da, sehen Sie mal, das muss ein Schwein sein. So viele Kondome! Ein Schwein, sage ich, kann der die nicht ins Klo werfen? Der Sack da stammt dagegen bestimmt von einem anständigen Fräulein, einer ältlichen Jungfer. Er sieht aus wie ein Blumenstrauß. Sie hat ihn mit einem bunten Band zugebunden. Der hier muss dagegen von einem Kranken oder Alten stammen: Reste von Nudeln und Mozzarella. Und der dort gehört sicher einem Drecksack. Sehen Sie: ein Nachttopf, und auch noch dreckig. Und das in der heutigen Zeit? Madonna mia, ich könnte heulen.«

Ich und Igalo, wir beide waren ergriffen. Beutel, aufgebläht wie Schläuche oder schlaff wie leere Blasen, nicht richtig zugebunden, ganz offen oder zerrissen. Da sagte Igalo: »Geben wir es zu, mein lieber Freund, in Neapel kommt der Dreck von weit her, er kommt vom Instinkt.«

Schöne Frauen

Es war Viertel nach zwei, als wir ins Viereck westlich der Via Toledo gelangten: Via Nardones, Vico Sergente Maggiore und oberhalb davon die Kirche Sant'Anna di Palazzo, wo ich getauft wurde. Ein bemerkenswerter Ort, weil er anschaulich zeigt, welche Vorstellung die Könige von einst vom Leben hatten: sie im Königspalast und im königlichen Theater, in großzügig angelegten Parks im englischen Stil, dort die kleinen Leute in den Bassi, inmitten von tausend Gefahren und Krankheitsherden. Um die Zeit meiner Geburt wimmelte es in dieser berüchtigten Gegend von barfüßigen Kindern, von minderjährigen Prostituierten, wie in Bombay, Leckerbissen für feine Herren und Proletarier, und von schmutzigen Wasserrinnen mitten auf den Gassen. Darin plantschten die Kinder und wuschen sich die Füße. Die Neapolitaner gehörten zu den Menschen, die am meisten barfuß gelaufen sind, und gerade deshalb, weil die nackten Füße der Luft, dem Wind und dem Wasser ausgesetzt waren, waren sie immer sauber: einer der Vorzüge des einstigen Königreichs. Heute tragen fast alle Kinder Schuhe, aber ihre Füße sind dreckig und stinken, jetzt, wo durch die Gassen der Abfall strömt, die Folge des Überflusses.

Kühlschränke, Autos und Fernseher werden in dem besagten Viereck weggeworfen. Aber außer diesem unseligen Reichtum tauchten zwei Dinge auf, die es vorher nicht gab: die Unsicherheit und die Gewalt. Früher genügte es, dass an der Straßenecke ein Polizist auftauchte, irgendein Mann in Uniform, damit alle die, die über ein Verbrechen tratschten oder irgend etwas ausheckten, nach Hause gingen und sagten: »Was will denn der?«

Und das Schweigen senkte sich herab wie ein Rolladen, auch wenn es dann einen Menschenauflauf gab, diesmal unter dem Schutz des Gesetzes. Es war das Viertel der Bordelle, wo der Gebildete und der nicht so Gebildete, der König und der Soldat, der Rechtsanwalt und der Sekretär, der Dichter und der Bauer, der Richter und der Delinquent, der Krüppel und der Blinde den Abend verbrachten. Sie begegneten sich, sie kannten sich, aber sie taten als echte Gentlemen so, als würden sie sich nicht kennen. Auch der monokelbewehrte d'Annunzio ging dorthin, genau, der pompöse Dichter, und der hypochondrische Scarfoglio, mit dem Segen des Kirchenvaters, des heiligen Augustinus, der es richtig fand, dass es die Bordelle gab, um die Jungfrauen, die gar nicht hätten geschützt werden wollen, und die Gesellschaft vor schlimmeren Übeln zu schützen.

Das waren Zeiten, schöne Zeiten!

Ich, Igalo und Fritz, der uns ganz geknickt folgte, gingen

dicht an den Mauern entlang. Wir hatten ein bisschen Bammel. Hier wird einem die Handtasche weggerissen, wird man niedergestochen und ausgeraubt. Aber Gott sei Dank war das Viertel belebt. Plötzlich tauchte eine wunderschöne Frau auf; man sah einen obszönen Teil ihres weißen Oberschenkels und eine rote Blume oben am Strumpf, und ich sagte zu Igalo: »Schau mal, was für ein Prachtstück von Frau.«

»Lass dich nicht täuschen«, flüsterte Igalo. »Das ist eine Transe.«

»Na so was!« antwortete ich. »Und wo sind dann die Frauen hingekommen?«

»Weißt du nicht, dass die Frauen durch die Hermaphroditen ersetzt wurden?«

Wir kamen näher. Fritz schuf mit seinen leuchtendgrünen Augen einen phosphoreszierenden Schatten, hinter dem die Transen saßen wie Rothäute, die um ein Feuer herum Kriegsrat hielten, mit Igalo in der Mitte wie ein Hexenmeister, der aus seiner üblichen Wildledertasche einen Laib Brot vom besten Bäcker von Bagnoli zog und sagte: »Wollt ihr auch was?« Und dabei legte er die Tasche auf den Boden.

»Aber gern.« Und als Igalo sah, wie sie munter zulangten, fasste er sich ein Herz und fragte: »Kann ich offen mit euch sprechen, Jungs?«

»Klaro!«

»Also gut – seid ihr oder seid ihr nicht ...?«
»Wir sind nicht«, antwortete der, den wir für den Anführer hielten. »Wenn der Buchhalter, der Rechtsanwalt, der Arzt, der Richter, der General, der Techniker, der Arbeiter et cetera pp. zu uns kommt, sagen wir: ›Her mit der Kohle, oder wir rufen die Polizei an und sagen denen, was du für einer bist.‹ Und als Hosenscheißer, die sie sind, geben sie meistens die Kohle her und ziehen Leine.«
»Aber passiert es nie, dass ... sie auch was von euch wollen?«
»Wer ohne Sünde ist, der werfe den ersten Stein.«
»*C'est très bon le fromage*«, sagte der Transvestit mit der roten Blume (der wie ein arbeitsloser Arzt aussah). Und so kehrte ich mit Igalo, der leise ausrief »*O tempora, o mores*«, und mit Fritz, der sich zu einem kleinen Knäuel zusammengerollt hatte, fröstelnd und betrübt nach Hause zurück.

Der Raubüberfall

Eben noch hatten wir uns mit den Transvestiten unterhalten und gemeinsam mit ihnen Brot und Käse gegessen, da wurden wir fast am Ende der Via Sant'Anna di Palazzo, wenige Meter vom Passantenstrom der Via Chiaia entfernt, entgeistert Zeugen eines Raubüberfalls. Man stellt sich ja vor, dass Räuber wer weiß wie aussehen, aber das waren zwei hübsche junge Männer in Jeans mit Engelsgesichtern. Der eine hatte eine Pistole, der andere eine zwei Handbreit lange Zange. Ich, Igalo und Fritz, der sich gerade mit einer anderen Katze unterhielt, stellten uns dicht an die Mauer und hielten den Atem an.

In dem Moment tauchte das Opfer auf: ein Mann mit einem fassförmigen Körper, einem Vollmondgesicht mit einem netten Schnurrbärtchen, einer dieser lustig aussehenden Typen, wie es sie zu Tausenden in Neapel gibt. Als er gerade den Schlüssel ins Türschloss steckte (es war drei Uhr siebenunddreißig nachts), forderte ihn der Junge mit der Pistole mit dem schicksalhaften Spruch auf: »Stehenbleiben, das ist ein Überfall.« Und ohne weitere Erklärung gab ihm der andere Junge, sicher der Helfershelfer, bloß um das Opfer aus der Fassung zu bringen, einen Stoß. »Her mit der Kohle, und leg alles auf die Erde.«

Der Dicke sagte: »Ihr täuscht euch. Ich bin Handwerker. Ich komme gerade heim. Ich habe nichts, nur Schulden.«
»Ausziehen, und zwar schnell«, sagte der Anführer. »Das kannst du deiner Großmutter erzählen. Alles auf den Boden: Schuhe, Socken, Unterhose, Hemd.« Und zu dem anderen gewandt: »Der hat bestimmt sogar im Arschloch was versteckt.«
»Ihr täuscht euch«, sagte der Dicke mit tränenüberströmtem Gesicht und halbtot vor Angst. »Ich bin ein armer Handwerker. Ich habe nichts.«
»Beeil dich. Zieh dich aus. Wir haben keine Lust, Zeit zu verlieren.«
Der Helfershelfer versetzte ihm noch einen Stoß und einen Fußtritt in den Hintern.
»Auch die Unterhose. Hast du nicht gehört, was der Chef gesagt hat? Runter damit.«
Fritz, der mit seinen scharfen Augen alles deutlicher sah, verkroch sich vor Angst in eine meiner Taschen und streckte nur den Kopf heraus, bereit, ihn gleich wieder zurückzuziehen.
Igalo sagte: »Schau her, was dieser Handwerker alles für Sachen rausholt: die Uhr, ein goldenes Armband, eine kleine Kette mit einem Medaillon.«
Während der Mann alles hinlegte, sagte er weinend: »Das nicht, das Kettchen von Mama dürft ihr mir nicht wegnehmen.« Ein weiterer Stoß und zwei Tritte in den Hin-

tern, und dann kamen zum Vorschein: hundertfünfzigtausend Lire aus der Brieftasche und siebenhundertfünfundzwanzigtausend Lire aus einer Socke.

»Und er hatte angeblich nichts, der Scheißer«, sagte der Anführer und fuchtelte ihm mit der Pistole vor dem Gesicht herum. »Nur Schulden, was, du Scheißer.« Er versetzte ihm noch einen Stoß. »Und erzähl nichts. Erzähl niemand was davon. Hau ab, und auch kein Wort zu deiner Frau. Dank dem lieben Gott, dass wir dir nichts getan haben.«

Der Handwerker verschwand auf einer Treppe, und ich, Igalo und Fritz verließen unsere Deckung und kommentierten den Vorfall. Igalo ist in dieser Beziehung fürchterlich – langatmig, weitschweifig, wortreich, moralisch. Er sagte, der Raub sei eine Notwendigkeit wie bei den Fischen und allen anderen Tieren (wie man in der Sendung *Quark* im Fernsehen sieht), um das Gleichgewicht der Arten zu erhalten; jedoch sei der Vorfall, dessen Zeugen wir wurden, sehr speziell und einer Untersuchung würdig, weil sich nicht Baron und Diener und Diener und Herr fraßen, sondern Diener und Diener, arme Fische von derselben Gattung. Und dann trafen wir im Serpentone, wohin wir gegangen waren, um ein wenig Luft zu schnappen, fröhlich vereint den Jungen mit der Pistole, seinen Helfershelfer und, nicht zu fassen, das beraubte Pummelchen, dem es irgendwie gelungen war, das Kettchen von

Mama wiederzubekommen, und sie alle aßen die letzte Pasta mit Bohnen in dieser Nacht.

»Kapierst du das?« fragte Igalo.

»Nein«, antwortete ich, während Fritz sich ganz fest in meine Arme schmiegte.

Wozu Zeitungen dienen

Ich lebe mehr nach meinem Instinkt als nach dem Verstand. Es ist, als stünde ich von Geburt an unter dem Einfluss einer Droge. Ich habe zwar im Laufe der Zeit an gesellschaftlicher Wertschätzung gewonnen, aber ich bleibe an bestimmte alte Stimmen gebunden. Zum Beispiel an die von Giacumiello, der auf dem kleinen Obst- und Gemüsemarkt arbeitet.

Wir treffen uns immer sonntags. Jeden Sonntag kaufe ich hier Blumen: im Winter die, die den Frühling ankündigen; im Sommer die, die den Herbst ankündigen. Der Winter ist keine Jahreszeit, die zu Neapel passt. Die Stadt ist nicht darauf eingerichtet. Seit tausend Jahren wird behauptet, dass es hier bei uns immer warm ist und die Sonne immer scheint, dabei leiden wir oft unter sehr harten Wintern. Im Sommer zieht sich Neapel aus und zeigt seine Wunden. Es verliert seine Schüchternheit und seine Anmut, die man noch intakt auf den Gouachen findet, die derzeit in der Villa Pignatelli ausgestellt sind.

Giacumiello ist wie der Herbst: schüchtern, still, ruhig. Er wird in einem Massengrab enden, und wenige werden wissen, dass man einen Gentleman der alten Schule begraben hat. Giacumiello ist der Laufbursche meines Blumen-

händlers, der ebenfalls ein armer Teufel ist. Wenn ich meine Blumen kaufe, begleitet er mich bis zum Auto. Ich gebe ihm tausend Lire. Er tut so, als würde er sie nicht nehmen wollen. Und ich tue immer so, als wolle ich sie ihm mit Gewalt aufdrängen. Wir verbringen fünf Minuten mit diesem köstlichen Hin und Her. Ich frage ihn:
»Wieviel gibt dir Tanino (der Chef)?«
»Siebzigtausend Lire in der Woche.«
»Und wie kommt ihr, du und deine Großmutter, damit aus?«
»Ich hab noch sechsundzwanzig Aborte zum Putzen hier in der Nähe, pro Arbeit für fünfzehntausend Lire. Und davon kann ich auch etwas beiseite legen.«
Giacumiello ist im Ausland gewesen. Er hat große Städte gesehen, Amsterdam, Hamburg, Brüssel. Er hat alles mögliche mitgemacht. Giacumiello sieht schrecklich aus. Er hat eine hängende Unterlippe, hervorquellende Augen, Segelohren, zwei riesige Hände, eine Grabesstimme. Dennoch vermittelt sein ganzer Körper nichts Vulgäres. Wenn er die Blumen in den Kofferraum legt, tut er dies, als wären sie ein Kind, das man behutsam behandeln muss.
Diese Nacht habe ich viel an Giacumiello gedacht; nicht an seine Weisheit, sondern an die Charakterstärke, mit der er trotz der Armut und der kranken Großmutter den Versuchungen widersteht. Mit einer Pistole in der Hand, mit diesem Äußeren und mit dieser Stimme könnte er

haufenweise Geld scheffeln, wie viele seiner Kameraden in Piscinola. Was verleiht ihm diese moralische Gesundheit?

Wenn ich es recht bedenke, sind die Bücher in Gefahr, aber die Zeitungen werden ein langes Leben haben. Gehen Sie sonntags, samstags oder freitagabends bis zur Via Petrarca, zum Capo di Posillipo, in den Parco della Rimembranza. Sie werden sehen, dass man zentnerweise Zeitungen verkauft. Man benutzt sie als Tapete. Alle dort geparkten Autos sind damit zugeklebt. Drinnen versteckt sind er und sie: der Junge und das Mädchen, der Mann und die Frau, der alte Mann und die alte Frau, der Alte und das Mädchen, die Alte und der Junge oder auch zwei Männer. Ja, hinter dieser Maskierung sind zwei Wesen, die nicht gesehen werden wollen. Sie versammeln sich an demselben Ort aus Angst vor Überfällen. Sie versammeln sich an demselben Ort, um sich in Gesellschaft zu fühlen. Jeder weiß, was im Auto nebenan ganz ungeniert vor sich geht. Jeder macht das gleiche. Zwei Freundinnen und zwei Freunde schließen sich im jeweiligen Gehäuse ein, ein bisschen wie einst die Fräulein in den Freudenhäusern. Jeder in einem Kasten, der vielleicht weniger als einen Kubikmeter groß ist. Jeder vollführt einen akrobatischen Liebesakt. Alles ist im voraus überlegt. Alles ist geplant. Er, der keine einzige Zeile mehr liest, ums Verrecken nicht, seit er die Grundschule, die Realschule oder das Hochschulexamen geschafft hat, kauft an den festgesetzten Tagen, am Freitag, Samstag und Sonntag, einige Kilo Zeitungen als Sichtschutz und dazu Tesafilm, und mit diesen Materialien ausgestattet verabredet er sich mit dem Mädchen im Auto. Früher hieß es, die Liebe sei wie ein Blitz oder ein günstiger Zufall. Für diese jungen und alten Leute von heute ist sie etwas im voraus Festgelegtes. Das Paar hält an. Es wählt den Ort der größten Zusammenballung von Liebespaaren. Man richtet sich ein. Man werkelt herum, klebt die Zeitungen auf die Scheiben, und dann beginnen sie ... während sich im Auto unangenehme Gerüche verbreiten. Man meint, ein Mädchen dufte immer nach Veilchen und Rosen, und entdeckt dann, dass es nach Abwasser riechen kann. Wie sie es schaffen, Gefühle zu entwickeln und den Irrtümern der Liebe zum Opfer zu fallen, ist ein Geheimnis. Sind sie fertig, steigen sie aus. Ohne sich die Hände und den Rest zu waschen, gehen sie eine Cola trinken oder eine Pizza essen.

Ich will nicht urteilen. Jede Epoche hat ihre Bräuche. Ich sage nur, dass man zu meiner Zeit in ein abschließbares Zimmer ging oder in einen Wald, zwischen Blumen und Blättern.

Pasqualino

Pasqualino ist das, was man ein Prachtexemplar von jungem Mann nennt. Gutherzig, ruhig, überhaupt nicht neidisch, ungeheuer gewissenhaft. Wenn er nicht gezwungen wäre zu sprechen – und dabei zeigt sich, dass er durch und durch Neapolitaner ist –, könnte man ihn mit einem Studenten oder mit einem sogenannten jungen Mann aus gutem Hause verwechseln. Wie viele seiner Altersgenossen treibt ihn die Suche nach einem Arbeitsplatz um. Er fragt sich: »Wie wird meine Zukunft aussehen?« Sohn eines Handwerkers, ist Pasqualino kein Handwerker. Er ist ein wenig wortkarg, kann aber gut mit Zahlen umgehen. Den Volksschulabschluss hat er erst mit achtzehn Jahren geschafft, doch kann er praktische Dinge erledigen wie Steuern, Gas-, Strom- und Telefonrechnungen zahlen. Kurzum, er kann einen Brief aufgeben und hervorragend die Einkäufe für sich und die Familie erledigen. Ich sehe ihn modische Westen und Schuhe tragen, und er informiert mich darüber, dass man am Ponte di Casanova und an der Duchesca günstig einkaufen kann. Als das Männerhandtäschchen Mode war, besaß er ein Handtäschchen. Als Schuhe mit höheren Absätzen Mode waren, trug er entsprechende Schuhe. Ja, um größer zu erscheinen, zumindest äußerlich, hatte er beschlossen, von nun an nur noch Schuhe mit Absätzen zu tragen. Ich weiß nicht, wie er es anstellt, aber Pasqualino benimmt sich nie daneben. In der Badesaison geht er baden. Da kennt er nichts. Das Braunwerden ist mehr als eine Regel, es ist ein zu respektierendes Gesetz. Er drückt sich kurios aus, und ich gehe gern mit ihm spazieren. Ich ziehe seine Gesellschaft der Benedetto Croces vor. Pasqualino bringt mich auf andere Gedanken. Ich halte mich nur zurück, wenn er wieder mit der Geschichte vom Arbeitsplatz anfängt. Hundertmal habe ich ihm erklärt, dass ich nichts für ihn tun kann, dass ich weder ein Abgeordneter noch der Direktor irgendeines Unternehmens bin. Ich sage ihm immer wieder, dass er weder einen Studienabschluss noch einen Beruf hat. Was will er denn eigentlich? Und dann führt er mir zig Beispiele von Freunden an, die dank der schicksalhaften Empfehlung dieser oder jener wichtigen Person, die nur einen Bruchteil meines Renommees besäße, eine Stelle gefunden hätten und ohne einen Handschlag zu tun eineinhalb Millionen im Monat verdienten. Pasqualino ist ein Mann mit Idealen. Er hat ein Ziel. Er möchte der Mann werden, der die Klappe beim Fernsehen hält (klack, Klappe eins, klack, Klappe zwei und so weiter). Ich erkläre ihm, dass ich bei dieser Firma nichts zu melden habe. Aber er insistiert und quält mich mit seiner Qual. Doch weil ich nicht seine Freundschaft verlieren wollte, habe

ich während einer meiner schlaflosen Nächte gründlich seinen Fall studiert, bis mir einfiel, dass ich einen Freund bei Alfasud hatte, eine einflussreiche Person. Also rufe ich den großen Mann sofort am nächsten Morgen an. Erkläre ihm den Fall. Sage ihm, dass es sich um ein Prachtexemplar von jungem Mann handelt, dazu zuverlässig. Und er sagt mir, trotz der Schwierigkeiten von Alfasud, bloß um mir einen Gefallen zu tun, es sei möglich, Pasquale einen Job zu verschaffen. Er könne als Handlanger arbeiten, wie so viele andere. Ich stoße einen Seufzer der Erleichterung aus. Rufe Pasqualino an. Er ist im siebten Himmel. Er ruft mich seinerseits an, um mir zu sagen, dass seine Mutter vor Rührung weint, dass er zu Fuß zur Madonna von Pompeji gehen wird, um ihr zu danken – allerdings nur den Hinweg. Ich sage ihm, er solle sofort mit einem Formular zu mir kommen, damit wir das Anstellungsgesuch aufsetzen können. Atemlos kommt er an. Ich muss ihn davon abhalten, mir die Hände zu küssen. Er wirft sich zu Boden, weil er mir die Füße und was noch alles küssen will. Seine Dankbarkeit ist überwältigend. Ich setze das Gesuch auf und sage ihm, er solle unterschreiben. Mit schräger, das heißt ansteigender Schrift (weil er nicht auf einer Linie schreiben kann) unterschreibt er und fragt mich: »Wann fange ich an?«
»Am Montag. Um sechs Uhr morgens in der Fabrik.«
Pasqualino ist außer sich vor Begeisterung. Er segnet mich

und die Meinen. Ich habe noch nie einen glücklicheren Menschen gesehen. Er läuft über die Terrasse, aber bevor er auf der Treppe verschwindet, dreht er sich um und fragt: »Wann, haben Sie gesagt, soll ich mich vorstellen?«

»Übermorgen, am Montag, um sechs.«

Wir haben Ende Mai. Es ist ein Tag, an dem Engel im Himmel zu fliegen scheinen. Auf meiner Terrasse weht Meeresluft. Pasqualino betrachtet den sonnenbeschienenen Golf: Pompeji, Sorrent und Capri. Er holt tief Luft und sagt: »Professò, könnten Sie Ihrem Freund nicht sagen, dass wir es auf September verschieben?«

»Du machst wohl Witze?«

»Ich möchte gern noch ein bisschen schwimmen gehen.«

Um drei Uhr nachts, von Schlaflosigkeit geplagt, zog ich mich an und ging wie gewöhnlich spazieren. Bis zum Morgengrauen ging ich spazieren, spazierte durch Straßen und Gässchen. Lieber Gott! Mein Gott! Neapel, das bei Tag wie ein Gewirr von Gedärmen erscheint, ist zwischen Morgengrauen und Sonnenaufgang eine heitere, luftige Stadt. Sie schwebt über dem Meer. Fast könnte man den Vesuv und den Faito wie zwei Schafe streicheln. Die Schiffe im Hafen mit ihren Lichtern zeichnen sich gegen den Himmel ab. Sie lassen an Abenteuer an den Grenzen des Mythos denken. O mein Neapel, warum bist du nicht auch so bei Tag, wenn du hinabsteigst in die Eingeweide der Erde?

Vandalen

Letztes Jahr habe ich ein neues Auto gekauft. Es schien mir, als hätte ich noch nie ein neues Auto besessen. Es roch gut, blitzte nur so, war solide, funktionierte perfekt. Ich dachte, um sich jeden Morgen richtig wohl zu fühlen, brauche man ein neues Auto. Die Unebenheiten der Straße nimmt man nicht wahr. Die Gänge lassen sich spielend leicht einlegen. Die roten und grünen Lampen des Armaturenbretts leuchten. Jedesmal, wenn man startet, lässt man seinen Blick umherschweifen und fühlt sich hochbefriedigt. Natürlich möchte man, dass niemand sonst auf der Straße ist, weil man Angst vor einer Beule hat. Man ist besorgt, denn alles kann eine Gefahr darstellen. Es scheint, als seien alle anderen gegen einen. Zumindest möchte man eine Zeitlang keinen Unfall haben, nicht einmal eine Schramme kriegen. Keine Frage, ein neues Auto macht gute Laune, und man lässt sofort volltanken. Das ist obligatorisch, würde ich sagen. Der Tankwart, der mich beglückwünschte, schien sich mit mir mitzufreuen. Und während er den Tank füllte, ging ich eine Zeitung und zur Feier des Tages eine Schachtel spezieller Zigaretten kaufen. Ich gab dem Tankwart ein fürstliches Trinkgeld, doch als ich wieder zum Auto ging und den

Schlüssel ins Türschloss stecken wollte, traf mich schier der Schlag: auf der Tür war ein tiefer, bogenförmiger Kratzer, frisch durchs Blech gezogen mit einem stumpfen metallischen Gegenstand.
»Haben Sie nicht gerade jemand an meinem Auto hantieren sehen?« fragte ich den Tankwart.
»Nein, niemand. Warum?« antwortete der Mann.
Der Zauber war für immer zerstört. Jetzt hätte ich mir gern, ohne Aufpreis, ein anderes neues Auto vom Händler geben lassen. Das Auto war für mich schon alt geworden. Ich hatte keine Lust mehr einzusteigen. Das ist so ein Moment, in dem man alles mögliche denkt, in dem man plötzlich wieder aufwacht und sich sagt: »Warum bloß?« Wenn man fährt, sieht man den Kratzer nicht, aber es ist nun mal passiert und tut furchtbar weh. Protestieren? Sich an die Polizei wenden? Und wen bezichtigen? Vorhaben, die sich bei genauer Betrachtung als aussichtslos erweisen. Lieber sich damit abfinden. Lieber denken, dass es so kommen musste und dass das Auto vielleicht seine Feuerprobe bestanden hat. Es hätte schlimmer kommen können … Aber die Schlaflosigkeit ist merkwürdig … Der Schlaf kommt und geht. Er umfasst die Gegenwart und die Vergangenheit …
1930, zur Zeit der ersten Automobile, gab es einen Rechtsanwalt mit Handschuhen und Monokel, der beim Spazierengehen und während er sich mit Freunden unterhielt,

mehr aus vandalistischem Antrieb als aus Neid mit einer scharfen Klinge die Türen von Autos und Kutschen mit sadistischem Vergnügen zerkratzte. Tat er das aus Klassenhass oder nur, um einen schönen Gegenstand zu entstellen? Erst mit der Zeit habe ich mich davon überzeugt, dass es ein passiver Orgasmus ist, wenn man einen schönen Gegenstand, einen Baum, ein Bild, eine Statue verunstaltet.
Professor Amedeo Maiuri hat mir immer gesagt, wenn die Schweizer unsere archäologischen Fundstücke hätten, würden sie sie in Glasschränken aufbewahren. Und wir verrichten unsere Notdurft darauf.

Im vergangenen März schickte eine Gruppe von Bürgern aus dem Viertel V. einen Brief an den für die Pflege der öffentlichen Anlagen zuständigen Referenten mit der Bitte, dafür zu sorgen, dass der kleine Park des Viertels, der sich in einem erbärmlichen Zustand befand, wieder ein bisschen gepflegter aussah. Nach ein paar Tagen kam ein kleiner Lieferwagen an, voll mit städtischen Gärtnern und ihren Gehilfen, und der Park wurde vom Unkraut befreit, umgepflügt, gedüngt, man säte frisch ein, und im Nu war er wie neu. Das junge Gras zeigte große Lebenslust. Der betreffende Park war in Wirklichkeit ein armseliges Beet, das in dieser Stadt, die ein großes Dorf ist, die jahrhundertelange radikale und systematische Zerstörung all dessen

überlebt hatte, was einem Baum, einer Blume, einem Grashalm oder auch nur einem Salatblatt ähnelt.
Eine Woche später versetzen die Kinder derselben Personen, die aufbegehrt und das Eingreifen der Kommune gefordert haben, das Gärtchen, wenn man es so nennen will, von neuem in einen Zustand, der dem Haupt eines kahlgeschorenen Mannes ähnelt. Aber als wären es nicht ihre eigenen Kinder gewesen, die den neuen Frevel begangen haben, schicken die Eltern der Vandalen, ganz unverfroren und mit Sätzen, die von erhabenem Bürgersinn inspiriert sind, dem Referenten einen zweiten Brief, in dem sie die Nachlässigkeit der Kommune heftig anprangern.
Erneutes Erscheinen des Lieferwagens mit Gärtnern und Gehilfen und erneutes Wachstum von ein paar Grashalmen. Erneuter Kahlschlag durch die Kinder der Absender des Beschwerdebriefs an den Referenten und erneuter Protest derselben gegen die Nachlässigkeit der Kommune.
Wieder taucht der berühmte Lieferwagen auf, mit an Bord auch zwei Spezialisten für einen Drahtzaun. Wieder tauchen aus der dunklen Erde zögernd und erschrocken ein paar Grashalme auf, eingedenk des Schicksals ihrer Vorfahren. Diesmal bewaffneter Ansturm der jungen Leute, um den Drahtzaun einzureißen, den die Arbeiter der Kommune errichtet haben; Zerstörung, daher ein dritter entrüsteter Brief der Eltern. Wieder erscheint der nunmehr legendäre Lieferwagen; mit an Bord sind außer den Gärt-

nern, den Gehilfen, den Sämännern und den Spezialisten für Drahtzäune ein Bataillon Soldaten mit folgender Bekanntmachung: »Die Kommune hat mit Unterstützung des örtlichen Militärkommandos beschlossen, die zehn Quadratmeter des Gärtchens im Viertel V. bewachen zu lassen, in der Hoffnung, dass die Truppe nicht gezwungen wird, das Feuer zu eröffnen.«

Ferragosto

An Ferragosto versuchten ich und Igalo, nachts zu schlafen, um ausnahmsweise tagsüber auszugehen. Das ganze Viereck des Posillip, vom Vomero bis nach Coroglio, sah so aus, wie man sich den Mond vorstellt. Tiefe Stille. Man hätte jemanden von der einen zur anderen Seite der Stadt rufen können oder immerhin von einer Straße zur anderen, vom Metroausgang Mergellina zur Piazza Sannazzaro, und hätte sich perfekt mit dem anderen verständigen können. Einem Menschen begegnen war, als begegne man einem Flüchtling. Man hörte das Klappern seiner Absätze auf dem Bürgersteig und ging rasch weiter, denn wenn man allein ist, bekommt man auch bei Tag ein wenig Angst. In diesem Jahr war noch mehr geschlossen als sonst. Igalo zitierte sofort *Die Pest von London* von Daniel Defoe, und ich, als Erwiderung, *Die purpurne Wolke* von Matthew Shiel. Zeit des totalen Exodus, fast wie in Zeiten der Pest. Es fehlten nur die Kreuze über den Türen der Läden, aber auf manchen wurden sie von den eisernen Gitterstäben auf eindrucksvolle Weise sogar noch zu solchen geformt.

Aber wir waren nicht ausgegangen, um diese einfachen Prognosen und Beobachtungen anzustellen. Wir waren als gute Bürger ausgegangen, um zu arbeiten, um uns von ein paar kleinen Wahrheiten zu überzeugen. Hochelegant in seinem schwarzweißen Anzug, wollte Fritz, der gewöhnlich auf meiner Schulter sitzt, hinunter, weil ihm die Straße gefiel, die endlich sauber war (klar, es war ja auch niemand da!), und ließ sich von Igalo an der Leine führen. Man sah, dass er sehr zufrieden war. Obwohl er bloß ein kleiner Kater ist, zerrte er daran und versuchte, in einen kurzen Galopp zu verfallen.

Auch Igalo war bester Laune. Während der Nacht war er aufgewacht und hatte einige optimistische Stellen bei Leibniz wiedergelesen, und sein erster Vorschlag lautete, etwas anderes als sonst zu machen: zum Beispiel, die Entfernungen zwischen den verschiedenen Gegenden der Stadt zu messen – bis zum Vomero, zum Bahnhof, nach Capodimonte, zur Villa Comunale, wo wir ein wenig frische Luft schnappen wollten.

Mein kleines Auto fährt ungefähr neunzig Kilometer in der Stunde, aber ich fahre bloß fünfundvierzig bis fünfzig. Wenn der Verkehr nicht wäre, könnte man jegliche Strekke in Neapel in maximal zehn Minuten zurücklegen. Die Stoppuhr in der Hand zeigte, dass wir für die knapp sieben Kilometer vom Capo Posillipo zum Bahnhof neun Minuten brauchten. Vom Capo Posillipo zu San Martino dreizehneinhalb. Neapel ist eine kleine Stadt, alles ist nah beieinander, und die Straßen steigen oft steil an. Man

hätte den spanischen Plan von 1600 verwirklichen und die Stadt dort bauen sollen, wo heute Fuorigrotta ist. Wir hätten dann eine große, in der Ebene ausgebreitete Stadt bekommen und wer weiß wie viele andere Vorzüge, was unsere Gewohnheiten betrifft, Vorzüge, die durch die allzu große demographische Dichte zunichte gemacht werden. Man weiß, wenn man zehn Ratten in einen Käfig sperrt, der groß genug ist für zehn, leben diese wie alle Tiere friedlich miteinander. Sperrt man dreißig ein, beginnt der blutige Kampf um die Eroberung des Territoriums und endet mit dem Sieg des Stärksten … des Camorrista.
Wir hatten inzwischen das Auto geparkt und begonnen, die Villa Comunale entlangzugehen. Da tauchten zunächst die unvermeidlichen Erinnerungen auf: die Reitbahn, die bis in die dreißiger Jahre und darüber hinaus um den Park herum verlief, dazu die schönsten Reiterinnen, die ich jemals sah (vielleicht weil ich mich als kleiner Junge durch ihren Anblick bezaubern ließ), mit langen nervösen Oberschenkeln wie Haifische, die man gern hingebungsvoll geküsst hätte; die alten Damen mit Hut und Schleier, die auf der Parkbank mit geöffnetem Sonnenschirm saßen wie auf einem Bild von Manet; das kleine ambulante Marionettentheater und in ihrem Pavillon um zwölf Uhr die grandiose städtische Musikkapelle des Carducci-Anhängers Maestro Caravaglios, dessen Favorit das schönste Werk Verdis war, *Der Troubadour* (A. Savinio).

Der kahlgeschorene, skalpierte, gestutzte Park, trocken und staubig, war voll mit alten Leuten.
Weil sie wussten, dass die Stadt leer war und sie somit nicht den für sie tödlichen Gefahren des Verkehrs und der horrenden Schwierigkeit, von einer Straßenseite zur anderen zu gelangen, ausgesetzt waren, hatten sie offensichtlich die Gelegenheit genutzt, endlich in ihrem alten Park einen Spaziergang an der frischen Luft zu machen. Aber alles war so vertrocknet, dass sie keine Erfrischung fanden. In den Augen der Alten musste die Villa wie eines jener unbebauten Grundstücke im Zentrum einer Stadt erscheinen, die absichtlich vernachlässigt werden, damit man sie, man weiß ja nie, zu Bauland umwidmen kann.
Alle anständig gekleidet, mancher elegant auf die altmodische Art mit einem schneeweißen Einstecktuch in der Jackettasche, alle selbstverständlich im Sakko, mancher mit Spazierstock, mehr als eine Dame mit Hut, so gingen sie langsam und irgendwie verloren einher. Vielleicht suchten sie die Vögel in den dürren Bäumen oder die Schäfchen, die einst in ihrer Jugend zum Zeitvertreib der Kinder die winzigen Kutschen gezogen hatten, und weil sie nichts fanden, dachten sie unschlüssig, vorsichtig und stumm, sie hätten sich im Park geirrt.

Der Schinken- und der Korkeneffekt

Der Schinken- und der Korkeneffekt gehören, so einige Professoren der Columbia University, zu den schlimmsten Krankheiten, von denen einzelne Individuen einer Masse im allgemeinen betroffen werden und insbesondere jene Massen, die speziell im Sommer nach allen Richtungen ausschwärmen, da sie dem Zwang unterliegen, in die sogenannte Sommerfrische zu fahren. Diese zwei Wirkungen sind, so die Wissenschaftler weiter, besorgniserregend im Hinblick auf das Schicksal der Menschheit, die, Opfer dieser zwei schrecklichen Übel, ganz und gar gehorsam werden könnte, dumm und jeglicher Botschaft, jeglichem Befehl zugänglich, der ihr von oben auferlegt würde. Folge wäre der totale Verlust der Freiheit und dann das Unglück einer Diktatur pharaonischen Stils, im Vergleich zu der die von Stalin und Hitler harmlos wären.

Wichtig ist, dass man der Masse die Illusion der physischen Freiheit lässt. Wenn man dann noch die Bewegungsfreiheit gewährleistet, kann sich die totale Diktatur, unterstützt durch die Propaganda im Fernsehen, dem einzigen Massenmedium, das zählt und an welches die Masse blind glaubt, ganz und gar und mit allgemeiner Zustimmung verwirklichen.

Aber sehen wir uns einmal, ausgehend von der Forschung der Fakultät für Anthropologie und Sozialwissenschaften an der Columbia University, näher an, was der Schinken- und Korkeneffekt in der Praxis sind. Die beiden Begriffe sind ein wenig ordinär. Aber man *wollte* ordinär sein, um zu versuchen, die übrige Menschheit vor der verhängnisvollen Krankheit zu schützen. Es sind feste Redensarten: »Du hast Schinken auf den Augen« oder »Du hast Korken in den Ohren«. Sätze von früher. Heute würde die massenhafte Wirkung von Schinken und Korken ganz ernstlich dazu führen, dass die Menschen weder sehen noch hören, zwei Gebrechen, in deren Folge eine Person, die glaubt, sehen und hören zu können, in Wirklichkeit nicht mehr sieht und hört.

Nehmen wir den Fall eines Menschen, der sich für einen anständigen oder erfolgreichen Bürger hält: der einen guten Posten – Bankangestellter, Professor, eine aus der riesigen Schar der Lehrerinnen, Pförtner, Amtsdiener, Krankenwärter, Schreibkraft, Installateur, Taxifahrer und so weiter –, der sich kurzum – zumindest im Bereich der Eigentümergemeinschaft seines Hauses – für wichtig hält und über nichts anderes als übers Fernsehen diskutiert. Der beschließt also, im Urlaub mit Partner und Kindern an einen privilegierten Ort zu fahren. Von seinem eigenen Dünkel überzeugt, glaubt er, nur er und sein Anhang hätten sich an einen privilegierten Ort begeben.

Wenn man ihn darauf aufmerksam macht, dass außer ihm mehrere Millionen Menschen beschlossen haben, sich an denselben Ort zu begeben, wird er, starrköpfig und eitel, trotzdem glauben, allein zu sein.
Gequält, gepeinigt und gemartert von einer Million Individuen, die sich wie er zerstreuen, amüsieren und entspannen möchten im »ökologischen« Frieden, in Wirklichkeit jedoch erstickt von einer hektischen Masse, die Lärm, Gestank, Schmutz, jede Art von Horror und Verkehrsprobleme produziert, glaubt er weiterhin, zufrieden lächelnd, er sei der einzige und habe für seinen Urlaub einen einsamen Ort gewählt.
Führen wir das Beispiel weiter. Sant'Angelo auf Ischia, ein reizvoller Ort zwischen Meer und Gebirge, könnte unter günstigsten Bedingungen ungefähr hundert Personen beherbergen. Die Masse Mensch, die genau von dieser Besonderheit angezogen wird, das heißt, von der Tatsache, dass Sant'Angelo als Ferienort für die Elite betrachtet werden kann (und man weiß, dass die Masse, je mehr sie Masse ist, um so mehr das Bedürfnis hat, sich zu unterscheiden: so wie einer, der ins Auto steigt, ganz allein auf der Straße sein möchte), kommt von dort zurück und glaubt tatsächlich, einen wunderbaren einsamen Urlaub verbracht zu haben.
Und ebendas ist der klassische Schinkeneffekt. Einer befindet sich zusammengequetscht mit einer Million Men-

schen und begnügt sich mit einem schnellen Imbiss, glaubt aber, er lebe wie ein König auf seinem Sommersitz. Es hat keinen Sinn, ihm zu sagen, dass er einen trostlosen Massenurlaub in der schrecklichsten Massenansammlung verbringt. Nichts zu machen. Ob auf Ischia oder Capri, in Positano, Tropea oder Scalea, in Taormina oder am Cap d'Antibes, in Portofino oder in den höllischen Kloaken von Rimini und Venedig, ganz zu schweigen von Griechenland, Tunesien oder der Türkei, von Spanien oder Jugoslawien – er glaubt, er sei der einzige gewesen, der den großen Coup gelandet und einen herrlichen Urlaub gehabt hat.

Ferien zu machen bedeutete einst: in die Villa zu fahren, ein Haus auf dem Land oder am Meer zu besitzen, mit zehn, zwanzig Zimmern, mit Gesellschafterinnen, Köchen, Dienern, Besuchern, mit Gästehäusern und Tischen im Freien für geschmackvolle Unterhaltungen und Aperitifs …

Der Korkeneffekt? Das ist genau der Effekt, der auf den Schinkeneffekt folgt. Wenn man das ganze Gesocks, das um einen herum ist, weder gesehen noch darunter gelitten hat, dann merkt man auch nichts davon. Und was will ein Diktator? Genau das! Ein menschliches Geschöpf, das weder sieht noch hört, damit es das macht, was es nach dem Willen des Diktators machen soll. Im Jahr 2000 wird es das Fernsehen sein, das dem Massenmenschen sagen wird,

was er in jeder Stunde des Tages tun soll. Und wehe, er macht etwas falsch. Er wird zu Tode gefoltert.
An diese Dinge dachte ich letzte Nacht, als ich, wie üblich von Schlaflosigkeit geplagt, das Foto einer enormen Menschenmasse am Strand von Tokio betrachtete. Dort, gar nicht so weit weg von hier, muss man sich eine Eintrittskarte für einen bestimmten Zeitabschnitt kaufen, um an den Strand zu gelangen.

Fünf Uhr morgens

Jedes Jahr Anfang September, wenn der Winter sich allmählich nähert, nehmen am nördlichen Polarkreis Millionen von Mäusen – die schwächsten der Gattung und fast alle männlichen Tiere – Anlauf und stürzen sich von den hohen, eisigen Felsen in den Ozean, um das Territorium den anderen zu überlassen. Die Überlebenden haben genügend Nahrung, können wachsen und gedeihen und sich in den kommenden Jahreszeiten vermehren. Es ist ein Selbstmord und zugleich ein Exodus, um das Gleichgewicht der Art zu erhalten.

In Erwartung mörderischer Kriege – die in den verschiedensten Teilen der Welt stattfindenden werden ja als lokale Kriege bezeichnet und interessieren die Europäer sowieso nicht, folglich sind es keine Kriege – setzen sich die Menschen der westlichen Hemisphäre zwischen Juli und August, von einem ursprünglichen Instinkt und vielleicht auch von jenem *spirto guerrier* getrieben, jenem kriegerischen Geist, den Foscolo besang, ins Auto, um zu einem biblischen Ziel zu gelangen mit der ganz und gar modernen Fata Morgana, Erholung zu finden.

In Gesellschaft meines kleinen Katers, den ich an der Leine führte, dachte ich an dieses instinkthafte Handeln, zu dem die sterbliche Rasse, der ich angehöre, heute getrieben wird. Dabei beobachtete ich die Raserei von Hunderttausenden von Autos, als I. S., ein alter Bekannter, anhielt und mich ansprach.

Es war fünf Uhr morgens, die Stunde, zu der ich meist nach Hause zurückkehre. I. S. ist wohlhabend. Er lebt in einer komfortablen Wohnung in der Via Petrarca mit acht Zimmern, drei Bädern, zwei Duschen und einer großen Terrasse voller Blumen mit Blick aufs Meer. Bei Vollmond und klarer Luft kann man Capri und Sorrent fast mit Händen greifen. Ja, man sieht sogar den Dunstkreis um die Straßenlaternen. Und er besitzt nicht nur diese Wohnung; doch ist schon diese – bedenkt man, wie viele Leute unbedingt in der Via Petrarca wohnen möchten – ungefähr eine Milliarde wert. I. S. verdient als Verkäufer von chirurgischen Instrumenten jede Menge Geld. Er könnte noch so viele Gramm Kokain am Tag schnupfen, sein Vermögen würde nicht geschmälert werden. Aber I. S. ist ein gesunder Mann, und um seine Frau, die halb eingeschlafen an seiner Seite saß, auf einen merkwürdigen Menschen aufmerksam zu machen, der nur nachts auf ist in Begleitung eines kleinen Katers, fragte er mich, indem er sich aus dem Autofenster lehnte: »Hast du immer noch die Gewohnheit, um diese Zeit auszugehen?«

»Warum sollte ich sie aufgeben?« Und weil sein Auto, so lang wie ein Eisenbahnwaggon, voll beladen war, außer mit seiner Frau mit seinen Kindern und der Großmutter, und auf dem Dachgepäckträger befanden sich noch die Windsurfbretter, ein Schlauchboot und ein Fahrrad, fragte ich meinerseits: »Wohin fährst du zu dieser Nachtzeit?«

»Nach Scalea. Ich breche so früh auf, um schneller voranzukommen.«

Millionen von Autofahrern hatten, soweit man sehen konnte, die gleiche Idee gehabt.

»Und wann kommst du zurück?« fragte ich, einfach um etwas zu sagen.

»Ende August.«

Wir verabschiedeten uns herzlich, und ich machte mich auf den Heimweg, um mich hinzulegen.

Ich kann unmöglich einschlafen, ohne etwas zu lesen, und wenn es Werbung ist. Auch in der Silvesternacht oder an meinem wirklichen Neujahr, dem 15. August – *Aust, cap 'e vierno* (August, Winteranfang) –, kann ich nicht darauf verzichten. Wenn ich das nicht mache, komme ich mir vor wie ein Tier. Ich öffnete also auf gut Glück wie so oft die *Operette Morali*, um ein Stück exzellenter Prosa zu lesen, und mein Blick fiel auf den Satz: »... und fügen der Herbheit ihres Lebens die Unmöglichkeit hinzu, es abzulehnen«. Aber Leopardi interessierte mich nicht. Ich war ganz beschäftigt mt I. S. und Scalea, wo ich am Ende des Frühlings gewesen war. Ich bekam das schönste Zimmer im besten Hotel, fand es aber klein und eher hoch als lang.

Scalea, ein winziger Ort, ist vom Tourismus verschandelt worden. Man sagte mir, dass in meinem Zimmer zu Beginn der Sommersaison sechs Stockbetten hineingestellt würden. Der Lärm der Motorräder, der Autos, der Transistorradios, der Karussells und der quengelnden Kinder werde Tausende von Dezibel erreichen. Scalea werde dann aus allen Nähten platzen. Und I. S., der doch wohlhabend ist, begab sich freiwillig dorthin? Warum? Während ich darüber nachdachte, konnte ich keinen Schlaf finden. Ich suchte unaufhörlich nach Gründen und kam zu dem Ergebnis, dass I. S., der bis in die sechziger Jahre sehr arm gewesen und mit seiner Familie in zwei Zimmerchen im Vico Zuroli in Forcella zusammengepfercht gewesen war, vielleicht vom Wunsch besessen war, wieder in sein früheres Elend zurückzukehren, als es weder Luft noch Platz gegeben hatte, das Wasser rationiert gewesen war, als man während des Krieges endlos gewartet hatte, auf die Lebensmittelmarken für Brot, Fleisch, Obst, so wie es jetzt an fast allen Orten geschieht, wo aus fünftausend Bewohnern plötzlich dreihunderttausend werden.

Der Himmel über Neapel

Neulich lud Igalo mich zum Essen in sein Loch bzw. seinen Luftschutzkeller im Vico Purgatorio Storto 416 ein. Es war ein köstliches Mahl: Fusaro-Austern mit eiskaltem Wodka in hohen beschlagenen Gläschen, geröstete Brotscheiben mit Butter, hauchfein geschnittenes, noch blutiges Roastbeef, dazu ein bisschen Salat und Eis mit flüssiger Schokolade. Ein königliches Abendessen, reichhaltig und leicht.
Igalo bekommt als Philosophielehrer ein Monatsgehalt von 1,2 Millionen Lire, das er noch aufrundet durch ein paar Nachhilfestunden. Eigentlich ist er arm, aber er hat so gute Umgangsformen, dass er davon an Milliardäre verkaufen könnte.
Weil er sah, wie sehr ich das Ganze genoss, war Igalo bester Laune.
»Wo ist Fritz?« fragte er mich.
»Der ist sicher auf den Dächern und Terrassen unterwegs.«
Da schlug er mir vor, auf seine Terrasse hinauszugehen. Die zwei bescheidenen Zimmerchen Igalos, nur mit Büchern vollgestellt, haben einen Vorzug: sie gehen auf eine schmale Terrasse hinaus, die Igalo sein Teleskop nennt. Man sieht von dort den Hafen – wunderschön, wenn ein beleuchtetes Schiff vor Anker liegt – und das Meer bis zur

sorrentinischen Küste. Wir nahmen ein Glas Weißwein mit hinaus, unterhielten uns im Liegestuhl und betrachteten den Septemberhimmel. Der Mond war zu drei Vierteln voll und umgeben von einem phosphoreszierenden Schein.

»Sieh dir das an«, sagte Igalo. »Wir könnten alles zerstören außer dem Himmel. Siehst du den weißen Brillanten, der ganz nah beim Mond zu sein scheint? Das ist kein Stern. Es ist der Planet Jupiter, zwanzigtausendmal größer als die Erde und 775 Millionen Kilometer von uns entfernt. Und siehst du diesen kleinen rötlichen Ball da unten? Das ist der Mars, 224 Millionen Kilometer entfernt.«

Alles war klar und deutlich zu lesen wie in einem Buch. An einer Stelle sah man eine Gruppe von Sternen, eingehüllt in einen Wolkenschleier, wie Blümchen in einem Korb. Daneben waren andere, herabhängend wie eine Schleppe aus Feuerwerk. »Wir haben einen äquatorialen Himmel«, fuhr Igalo fort, »einen aerostatischen Himmel. Er bedrückt dich nie. Er bedrängt dich nicht, im Gegenteil, er hilft dir atmen. Aber was wissenschaftlich erwiesen scheint, ist die Tatsache, dass er nie stillsteht. Schau genau hin. Kommt es dir nicht so vor, als ob er sich bewegen, fliegen, irgendwohin gehen würde?«

Die Beobachtungen Igalos schienen mir zutreffend.

»In meiner Jugend bin ich ziemlich weit herumgekommen«, fuhr er fort. »Ich war in Asien, in Afrika und in

Südamerika. Wunderschöne Himmel, aber starr, unbeweglich oder zu blau – der von Rio de Janeiro zum Beispiel ist indigoblau, er sieht aus wie die Schminke auf dem Gesicht einer Frau – oder zu drückend und, kaum zu glauben, ausgespannt über Meeren, die reglos sind wie ein Sumpf. Ich will jetzt nicht den typischen Neapolitaner spielen, aber einen Himmel wie den unseren habe ich nirgendwo anders gesehen. Das ist ein Himmel, der sich nicht zusammenballt. Er bildet nie eine Mauer. Er schließt nie die Vorstellung aus, dass es jenseits Licht gibt, einen Durchgang zur Hoffnung. Es ist ein Himmel in Bewegung. Himmel dieser Art hat nur Francisco Goya gemalt, der größte Maler der ganzen Welt. Größer als Raffael. Größer als Michel Ange. Alle Himmel auf den Bildern Goyas sind in Bewegung. Ich weiß nicht, ob Goya jemals in Neapel war, aber wenn nicht, hat er sicher jemanden davon sprechen hören. Oder er hat sich die schwebenden Himmel genau angesehen, die sich von Madrid nach Valladolid öffnen. Ich beobachtete sie einmal von einer Droschke aus. Nicht von ungefähr stellt Doria im *Napoletano che cammina* eindeutig fest, dass wir Spanier sind, wenn auch auf Abwege geratene. Bruegel der Ältere, der auch hierherkam, ließ sich nicht täuschen. In die Szenen mit neapolitanischen Kriegsschiffen im Sturm malte er zwar einen ebenfalls stürmischen Himmel, aber voller zarter weißer Wolken, die wie Kanonenschüsse nach oben fliegen; spiralförmige

und senkrechte Wolken, umschlungen wie Erzengel. Als guter Nordländer an das Dunkel gewöhnt, begriff er, dass der Himmel von Neapel, auch wenn er rabenschwarz ist, immer ein Loch hat, von woher blendendes Licht strömt.«
Ich war wie verzaubert. Deshalb kann ich nicht ohne Igalo auskommen, der fortfuhr: »Natürlich hat dieser Himmel einen Fehler. Er ist zu unbeständig. Man kann ihn nie ernst nehmen. Unversehens schillert er und beeinflusst damit unser Wesen. Die Nordländer haben nicht ganz unrecht, wenn sie behaupten, wir seien ›wetterwendisch und klimaabhängig‹. Wie kann man wütend bleiben bei einem Himmel, der dir geradezu sagt: ›Geh raus, geh spazieren, schau dich um, sei fröhlich‹? Bei einem aussichtslos düsteren Himmel musst du einfach arbeiten. Bei einem luftigen Himmel arbeitet man auch, aber es ist schwieriger. Findest du nicht auch?«
In dem Moment kehrte Fritz zu uns zurück mit einer toten Maus im Maul. Er legte sie uns vor die Füße. Fritz massakriert die Mäuse, aber er frisst sie nicht. Er ist an Innereien bester Qualität gewöhnt, an Pralinen und Eis, aber er ist eigensinnig wie ein Jäger oder ein Arbeiter. Er will zeigen, dass er etwas kann.
Doch Igalo fuhr gleichmütig fort: »Vielleicht ist unser Himmel nur auf der Durchreise. Er zieht vorbei, verändert sich, verschwindet. Es ist nicht möglich, dass er soviel physischen und moralischen Schmutz zudecken möchte.«

Im Kino

Wir hatten uns auf folgendes Programm geeinigt: ins Kino zu gehen, ich, Igalo und Fritz, letzterer wie üblich in der Tasche meines Jacketts versteckt – was ihm sehr gut gefällt –, und dann zu Fuß zu Don Amilcare, einem Bäcker in Fuorigrotta, der uns Pasta mit Tomaten und Pfeffer zubereiten würde, eine Art dicker Bandnudeln, aus Brotteig hergestellt. Wer diese Nudeln noch nie gekostet hat, in denen das Mehl, das Wasser und das Salz wirklich Hauptdarsteller werden, kann nicht von Makkaroni alla napoletana sprechen. Im übrigen ist bekannt, dass die Makkaroni eigentlich vom Brot herstammen.

Im Kino fanden wir einen guten Platz. Tatsächlich gab es Hunderte von Plätzen. Wir mögen um die vierzig Personen gewesen sein, und im Saal, der aus früheren Zeiten stammte, hatten etwa fünf- bis sechshundert Personen Platz.

»Ich hab's dir doch gesagt«, sprach Igalo. »Wenn man heutzutage ins Kino geht, tut es einem in der Seele weh. Kino war früher einmal schön, weil es voll von Leuten war, die reagierten. Ein Krimi, zum Beispiel *Segno dei 4*, der 1936 in die Kinos kam, kann einen sogar zum Lachen bringen, wenn man ihn gemeinsam mit anderen sieht.

Wenn du ihn allein ansiehst, ohne Leute vor und hinter und rechts und links von dir, die dir Gesellschaft leisten, irritiert er dich.«

Vor uns setzten sich fünf junge Männer hin, gekleidet wie *ragazzi di vita* mit schmierigen Jeans und dreckigen Hemden. Sie legten sofort die Beine auf die Lehne der Sessel vor ihnen. Sie sprachen nicht miteinander, sie schrien. Sie waren hereingekommen, als wären sie hier zu Hause, und scherten sich um niemanden. Ich kenne Igalo. Ich weiß, dass er schnell nervös wird. Ich weiß, dass ihm nichts entgeht, dass er auch merkt, wenn eine Fliege zehn Meter weiter weg ist. Aber er fuhr fort: »Es gefällt mir, dass hier fast niemand ist, weil ich dir den Beweis liefern kann, dass kaum mehr jemand ins Kino geht und mit der Zeit überhaupt niemand mehr hingehen wird. Ich sage das ganz im Ernst. Das Fernsehen hat alles kaputtgemacht. Es ist uns gelungen, das Analphabetentum abzuschaffen, aber nur, um die Leute auf eine einzige Lektüre vorzubereiten: das Fernsehen. Das Fernsehen ist ein totales Spektakel. Es informiert über all die Dinge, die den neuen Menschen interessieren, den Superkonsumenten. Mit den drei, fünf, zehn, zwanzig Kanälen kann das Fernsehen in ganz kurzer Zeit und auf kleinstem Raum alles anbieten: von der Versteigerung von Möbeln und Bildern zum *Hamlet*, vom Fußballspiel zum Western, Krimi oder zum Liebesfilm. Und jetzt gibt es auch den schweinischen Film. Sieh dir eine Sendung von Baudo an. Da gibt es den Tänzer, den Sänger, den Bauchredner, den Zauberer, die Frau mit nackten Schenkeln, den Schwank und die Lotterie. Was will man mehr? Da soll man siebentausend Lire zahlen, um was zu sehen? Einen der vielen Filme, die früher oder später im Fernsehen kommen ...«

Der Film hatte begonnen. Abgesehen davon, dass wir schlecht sehen konnten, weil wir zwischen den Köpfen der Jugendlichen vor uns hindurchschauen mussten, hatten alle fünf Typen angefangen zu rauchen und eine Nebelbank hochgehen lassen.

Igalo, typisch Lehrer, erklärte, ohne mich vorzuwarnen: »Jungs, hier wird nicht geraucht.«

»Und wer sagt das?« fragte einer von denen.

»Das Gesetz.«

»Rufen Sie doch die Polizei, dann werden wir ja sehen.«

Wütend rief Igalo den Platzanweiser. Es näherte sich hinkend ein ältlicher Mann, einer dieser typischen Neapolitaner unbestimmten Alters, und sagte zu den Jugendlichen: »Hier darf man nicht rauchen.«

Aber kaum hatte er sich wieder entfernt, sagte einer der fünf: »Wenn man ins Kino geht, muss man auch rauchen.«

Igalo rief erneut den Platzanweiser. Der kam und sagte: »Hören Sie mal, Sie sind aber wirklich eine Nervensäge. Das da sind junge Leute, was macht es Ihnen schon aus, wenn sie ein bisschen rauchen?«

»Sie sind ein Lump!« schrie Igalo den Platzanweiser an.
»Passen Sie auf, was Sie sagen«, antwortete der Platzanweiser.
Und dann … dann passierte etwas, was ich nie für möglich gehalten hätte. Nicht nur Igalo bekam Hiebe und Faustschläge von den jungen Männern ab, sondern auch ich, der ich sie ruhig hätte rauchen lassen, denn in Neapel kann man sowieso nichts machen.
»Polizei! Polizei!« rief Igalo. Nichts geschah. Fritz hatte sich in der rechten Tasche meines Jacketts kleiner als ein Wollknäuel gemacht.

Stadt und Dorf

Wir lieben die Nacht, weil es dann ruhig ist und man die ganze Stadt genießen kann, wenn auch zwischen den Schatten. Vor allem Fritz bevorzugt die Nacht, weil Katzen im Dunkeln hervorragend sehen können, während wir den Tag wählen würden, wenn wir nicht so viele negative Erfahrungen gemacht hätten, nicht zuletzt die Enttäuschung erlebt hätten, Gefangene eines Dorfes geworden zu sein.

In einer Provinzstadt wie Cava dei Tirreni oder Benevent treffen sich abends alle in der Werkstatt des Tischlers, des Tapezierers, des Lebensmittelhändlers: sie unterhalten sich, plaudern, machen einen kleinen Spaziergang zusammen, wünschen sich gute Nacht. Bei uns kennen wenige den Nachbarn, und wir gehen heim wie in eine Höhle. Heute kann niemand mehr behaupten, in Neapel zu wohnen. Das ist ein *flatus vocis*. Mit Sicherheit könnte man nur sagen: Ich wohne in Soccavo, in Quarto di Marano, in Camaldoli, in den Colli Aminei.

Es gibt keinen einzigen Baum mehr in diesen ausufernden Stadtteilen. Anstelle jedes Baums wurde ein Haus gebaut. Alle waren glücklich, eine Wohnung zu kaufen mit einer praktischen Küche, mit Bidet, Dusche und Aufzug. Aber alle merkten dann mit einiger Bitterkeit, dass sie sich in ein Dorf eingeschlossen hatten, aus dem man nicht leicht herauskommen konnte. Am Tag gelingt das einigermaßen, aber abends, wenn man müde und kaputt ist, fallen die Vorhaben, dahin oder dorthin zu gehen, um Neapel zu genießen, kläglich in sich zusammen, und man dreht den Schlüssel zweimal in der Tür um. Insgesamt läuft alles unter dem Namen Neapel, aber im Einzelfall leben alle schließlich auf wenigen Quadratkilometern und doch ganz weit voneinander entfernt. Die Stadt hat sich ausgedehnt, aber dabei sind nicht neue Straßen, sondern neue Städte entstanden, so dass die Via Nicolardi, oben auf einem Hügel, nicht der Name einer Straße ist, sondern einer Stadt in der Stadt, und unerreichbar.

Igalo verlässt sein Dorf nur dann, wenn es weder in seiner Straße noch in den benachbarten Straßen das zu kaufen gibt, was er braucht, oder wenn er jemanden besucht. Er weiß, dass er für das Fleisch ein Drittel weniger bezahlen müsste, wenn er zur Porta Nolana ginge. Er weiß, dass man an der Porta Capuana den besten Stockfisch von ganz Neapel bekommt. Er weiß, dass in Cavalleggeri oder in der Via Leopardi Obst und Gemüse weniger kosten. Aber wenn man die Ausgaben für den Bus oder, schlimmer noch, für das Benzin und die Parkgebühren, die Zeit und den Stress bedenkt, verwandelt sich der Vorteil in Nachteil. Und deshalb muss man sich dem Gesetz des eigenen und einzigen Lebensmittelhändlers, des Drogisten, des Obsthändlers und so weiter unterwerfen. Man muss nicht nur bezahlen, was er verlangt, sondern darf ihn sich keinesfalls zum Feind machen, wenn man auf diese Annehmlichkeit nicht verzichten will.

Igalo hat einen ganz engen Freund in der Via Nicola Ricciardi, einem Sträßchen oben auf dem Posillip. Sie waren zusammen auf dem Gymnasium. Sie hatten dieselben Leidenschaften und dieselben Freunde. Sie sind die Stufen der romantischen Via Pedamentina hinuntergestiegen, aber obwohl sie versprachen, sich immer zu besuchen, sehen sie sich nie. Vom Vico Purgatorio Storto, wo Igalo wohnt, bis zur Via Ricciardi muss man zwei Busse nehmen und vorher ein Stück zu Fuß gehen, das bedeutet, man braucht zweieinhalb Stunden, und zweieinhalb Stunden bei Sonne und Hitze, bei Regen, Kälte oder Wind sind schlimm. Deshalb wohnen zwar Igalo und sein Freund in Neapel, aber in Wirklichkeit nur dem Namen nach.

Die Einsamkeit und die Entfremdung, die daraus folgen, sind enorm. Igalo und sein Freund telefonieren miteinander, sie möchten sich Gesellschaft leisten, über viele Dinge reden, aber nichts da, jeder sitzt für sich zu Hause, allein wie ein Hund.

Bis gerade eben noch waren Städte ein kompaktes Universum. Heute sind es Parzellen. Jeder lebt für sich wie in einer Einzelzelle. Als 1980, im Jahr des Erdbebens, in der

Via Stadera ein Gebäude mit zehn Stockwerken einstürzte, war für viele dieses Ereignis so weit entfernt wie das Erdbeben von San Salvador, mit der gleichen passiven psychischen Wirkung, und zwar, weil nur wenige Neapolitaner die Via Stadera kannten. Je nachdem, wo man lebt, hat man Glück oder Pech. Der eine hat Wasser, der andere nicht. Für den einen ist die Stadt gütig, für andere stiefmütterlich. Die einen singen und lachen, zur gleichen Zeit weinen andere und lungern herum. Früher vereinten die Städte die Menschen. Abends verschloss man Tore wie die Türen der Häuser. Heute trennen sie den Vater vom Sohn, den Liebhaber von der Geliebten, den Freund vom Freund.

Deshalb fand ich die Aktion Igalos gelungen, der, als er sich neulich zufällig in der Via Duomo befand, zwei Hemden, drei Slips und ein halbes Dutzend Socken und Taschentücher kaufte, wonach er keine Lira mehr hatte.

»Ich brauchte nichts«, sagte er zu mir. »Es wäre auch ohne gegangen. Aber wer weiß, wann und wie ich das nächstemal in diese Gegend gekommen wäre. Und zwanzig Prozent Rabatt kriege ich sonst nirgends. Ignazio ist ein Freund.«

Warm eingekuschelt schlief Fritz wie ein Kind an meiner Brust.

Bei Donna Rufinella

Wenn ich nicht Igalos Meinungen hätte anhören müssen, als wir neulich bei Donna Rufinella Capece in ihrem Haus oberhalb der Via Misericordiella waren, wäre es ein wunderbarer Abend gewesen. Um zu sagen, wo sich die Misericordiella befindet, müsste ich eine ganze Seite verschwenden. Es mag genügen zu sagen, dass es eine der ältesten Ecken im Herzen Neapels ist, wo man so tun kann, als ob man sich nicht im zwanzigsten, sondern mitten im siebzehnten Jahrhundert befände .

Donna Rufinella hat ein Haus und einen Laden. Sie schläft im Zimmerchen im ersten Stock mit einer ältlichen, leicht gestörten Tochter, und unten im Erdgeschoss verkauft sie alles mögliche: es ist eine Art Bar, gleichzeitig ein Kurzwaren- und Kleiderladen und eine Drogerie. Ihr Leben war eine Hölle, oder, wie Mastriani sagte, das eines Vogels, der mit ausgebreiteten Flügeln ins Feuer geworfen wurde. Sie hat eine Narbe über dem Backenknochen, einen schiefen Mund und ein paar verbliebene Zähne. Es scheint, als habe sie einen Stoß gegen die rechte Schulter bekommen, und sie geht, indem sie sich hin und wieder auf den rechten Oberschenkel stützt. Und doch gibt es keine heiterere, fröhlichere Frau, die mehr an

dem Elend hängt, an das sie gewöhnt ist. Wenn man könnte, müsste man sie auf einen Sockel stellen als Inbegriff all dessen, wozu Neapel fähig gewesen ist in seiner fröhlichen Unerbittlichkeit gegenüber seinen Opfern.
Igalo kennt diese Frau, und er ist ihr Freund geworden, weil er bestimmte Kleinigkeiten – geschmuggelte Zigaretten, Stäbchen für die Hemden, Whisky aus NATO-Beständen – immer bei ihr kauft und hin und wieder ein paar tausend Lire aus Solidarität dazugibt. Daher konnte er die Einladung der Signora anlässlich ihres fünfundsiebzigsten Geburtstags nicht ablehnen.
»Sie werden sehen, es kommen lauter Leute aus der Nachbarschaft, lauter Leute, die Sie mögen und die sich geehrt fühlen werden, Sie zu sehen.«
Und so machten ich, Igalo und Fritz (an der Leine – zum Erstaunen der Passanten) trotz der nächtlichen Stunde einen ordentlichen Fußmarsch bis zur Via Misericordiella. Ich brachte ein Tablett voll Babà mit und Igalo eine Flasche Dessertwein.
Alle warteten schon auf uns. Als wir eintraten, applaudierte man uns. Filuccia, die Tochter Donna Rufinellas, nahm sofort Fritz auf den Arm, was er gern hat, und hätschelte ihn. Die ersten, die uns auffielen, waren zwei stämmige alte Tunten. Und als hätten wir das nicht gemerkt, sagte Donna Rufinella: »Das sind zwei Freunde, zwei Tunten.« Und fast als würde sie sagen: »Das sind zwei Nobel-

preisträger«, fügte sie hinzu: »Sie waren noch nie mit einer Frau zusammen.« Dann war da noch ein Gitarrist mit kleinem Schnauz- und Kinnbart; ein fetter Schauspieler, der sich den Schweiß von der Brust, vom Hals und von der Stirn abwischte, und eine Sängerin, eine pummelige Frau mit bemaltem Mündchen.

»Das sind alles Künstler«, sagte Donna Rufinella. »Die sind alle wegen Ihnen gekommen und wegen Ihrem Freund. Für den kleinen Prinzen (damit meinte sie Fritz) hat meine Tochter Filuccia Herz und Lunge vorbereitet. Mag er das?«

Mir und Igalo kam es vor, als seien wir Teil des Tafelbildes der *Opere della Misericordia* von Caravaggio oder einer Szene von Hieronymus Bosch geworden.

Ich vergaß zu sagen, dass auf dem Tisch eine Suppenschüssel thronte, gefüllt mit gekochtem Fleisch und *»per' e 'o musso«*: gekochtes knorpeliges Fleisch aus Rinder- und Schweinsfüßen, Zitronenschnitze und Salz. Ein Gericht, das man mit den Fingern isst. Und es war köstlich. Danach brachte Filuccia, immer noch mit Fritz im Arm, eine Platte mit gebratenen Sardinen. Als dritten Gang gab es *perciatielli*, eine Makkaroniart mit einer Soße aus Sardellen und Peperoncino, als vierten Würste und Kartoffeln und als fünften Lammkopf mit Ziegeninnereien.

»Das ist das Beste, das Allerbeste!« rief der Schauspieler und erhob sich.

»Das sind echte Innereien«, sagte Donna Rufinella stolz. »Die hab ich von Don Alfonsino, dem Metzger nebenan.« Mit dickem Bauch und aufgeknöpfter Hose haben wir es uns vor der Vorführung bequem gemacht. Zuerst rezitierte der Dicke eine Szene aus *Guappo di cartone* von Viviani, der die Frauen vernaschte und die Rivalen massenweise tötete und dem schließlich Hörner aufgesetzt wurden; dann gab es einen Schwank mit Pulcinella aus dem siebzehnten Jahrhundert von Fiorillo, wo die finstere Maske Kapitän Matamoros auf den Knien um Gnade bittet und ihm dafür seine Tochter anbietet. Dann kamen die Lieder der Sängerin: *Guapparia, Niro niro cumma a che* und *Munasterio 'e Santa Chiara.* Kreischen und hysterisches Gelächter.
Um Fritz zu finden, war Gottes Hand nötig. Er unterhielt sich unter dem Bett mit einer anderen Katze und wollte nicht hervorkommen. Und in dem Moment, als wir in die feuchte frische Nachtluft hinausgingen, sagte Igalo: »Hast du gesehen? Hast du verstanden? All das, mein Lieber, im Guten wie im Schlechten, hat Neapel zerstört.«

Via Monte di Dio

»Popper«, sagte Igalo am Telefon, »der leibhaftige Karl Raimund Popper, einer der wenigen Zeitgenossen, denen es gelungen ist, Wissenschaft und Philosophie zu vereinigen, hält um neunzehn Uhr einen Vortrag im Institut von Gerardo Marotta in der Via Monte di Dio. Warum gehen wir nicht hin? Ich weiß, dass das eigentlich zu früh für uns ist, aber es ist eine einmalige Gelegenheit.«

»Um wieviel Uhr soll ich dich abholen?«

Um Viertel vor sechs Uhr war ich vor Igalos Haus im Vico Purgatorio Storto. Es war saukalt, und ich hatte Fritz ein Mäntelchen aus Leopardenfellimitat angezogen. Es ging ihm hervorragend. Er sah zum Küssen aus und benahm sich an diesem Abend sehr förmlich. Ich spielte mit ihm, und während ich auf Igalo wartete, schaute ich aus dem Auto und erblickte nichts als Bilder früheren Lebens.

Wunderschöne Arkaden, die in jedem anderen Land Treffpunkt von Geschäftsleuten oder von Liebespaaren geworden wären, waren hier vollgemüllt mit Gemüseabfällen, Blumenkohlstrünken, Fenchelknollen, mit zerrissenen Abfallsäcken und kaputten Körben. Schwarze Mauern, abgebröckelt und glitschig. Alles war obszön und widerlich, der Gestank infernalisch. Aber warum?

Schließlich kam Igalo herunter. Die Luftlinienentfernung vom Vico Purgatorio Storto zur Via Monte di Dio beträgt ungefähr fünf Kilometer. Tatsächlich wurde die Fahrt zum Inferno. Vor dem Theater San Carlo rangierte ein Fernlaster. Es fuhren Krankenwagen vorbei mit heulenden Martinshörnern sowie Polizeiautos mit dem üblichen Rattenschwanz von Autofahrern hinter ihnen, dem üblichen hektischen Rattenschwanz von profitlichen Schlaubergern. Und als wir auf der Piazzetta gegenüber dem Politeama-Theater ankamen, fanden wir alles besetzt bis auf den letzten Platz. Da sagte Igalo: »Wir können auf Popper nicht verzichten. Aber es gibt keinen Parkplatz. Ich werde diesen Halunken geben, was sie wollen.« Und mit dem Einsatz von fünftausend Lire, die er hin und her schwenkte, erreichte er, dass einer der Parkwächter einen Platz für uns fand.

Ich weiß nicht, wie viele Jahre ich nicht mehr in der Via Monte di Dio war. Das erstemal ging ich als Kind mit meinem Vater dorthin, um den Anwalt Giovanni Napolitano aufzusuchen, den Vater von Giorgio, der heute im Senat sitzt. Was für ein prächtiges Gebäude, mit einem Portier in Uniform. Und oben, was für Riesensäle. Was für ein Luxus. Allein der Wartesaal mit den Ledersesseln und den zwei großen Gemälden war so groß wie unsere ganze Wohnung. Der Anwalt trat wie ein Schauspieler hinter einem der riesigen Vorhänge hervor und begrüßte uns mit

einem Lächeln. Er trug einen Morgenrock, war groß, kahl, liebenswürdig, ein berühmter Fürst des Forums, der ein herrliches Italienisch mit einem leichten Dialekteinschlag sprach. Mein Vater trug seinen Fall vor, und mir prägte sich diese großartige Szene tief ein, die sich in meiner Erinnerung für immer mit dem Namen Monte di Dio verknüpfte. Daher fragte ich Igalo: »Bist du denn sicher, dass dies die Via Monte di Dio ist?« Die mythische Straße, die, »bevor sie von den Jesuiten bewohnt wurde, zum Pizzofalcone gehörte, danach wollte man, dass sie Gott gehörte, und nannte sie deshalb Monte di Dio. Die Jesuiten boten ihrer Schutzherrin, der Herzogin Anna di Mendoza, an, sie Herzogin von Monte di Dio zu nennen, aber die gute Dame lehnte diesen ein wenig gewagten Titel ab.«
Heute ist die Straße von oben bis unten ein einziger Parkplatz. Die brillanten Kadetten der Nunziatella sind heute nur einfache Rekruten; das Politeama-Theater ist nur noch ein heruntergekommener Schuppen unter anderen, der Palazzo der Serra di Cassano, einst Ort unvergleichlicher Rituale, ist inzwischen ein verfallenes Herrenhaus. Seine ureigene Schönheit ist verschwunden, versunken in der Folklore der Verkommenheit.
Wie zwei Blinde stiegen wir die herrschaftliche Freitreppe hinauf, die zum Vortragssaal führt, und waren überrascht, so viele distinguierte, wohlriechende, gepflegte Menschen zu sehen. Wenn man von dieser Straße herkam, schien ein

solches Phänomen ganz unmöglich. Man glaubt, aus allen Straßen Neapels kämen nur Hominiden und derbe Weibsbilder, schlampig gekleidet und breitesten Dialekt sprechend, doch trifft man bei den Vorträgen, in den Clubs, den Nachtlokalen und im Theater auch elegante Menschen. Bei uns ist es nicht wie in Rom (oder zumindest in manchen seiner Stadtteile), in Mailand oder Genf, wo es einen Zusammenhang zwischen Wohnort und Bevölkerung gibt. Bei uns passt eine elegante Person nicht zur restlichen Umgebung und wird schief angesehen. Bei uns ist es nicht leicht, mit sauberen Schuhen nach Hause zurückzukommen. Man muss vorher den Schmutz mit dem Messer von der Schuhsohle abkratzen. Sogar die Autoreifen tun einem leid, die soviel Dreck zerquetschen müssen.

»Nicht dran denken«, sagte Igalo. »Wir leben in einem schwarzen Brunnen, aus dem statt Ratten manchmal ein Herr herauskommt. Es hat mit Zauberei zu tun. Aber hören wir doch Popper zu ...«

Und während der ganzen Zeit musste ich Fritz in Schach halten; er kämpfte mit einem Pekinesen, der auf dem Schoß der Dame neben mir saß. Der Pekinese, der beißen wollte, wurde zum Schweigen gebracht durch die Krallen meines Fritz, der sie weiter ausfahren konnte, als ich gedacht hatte.

Was ist vom alten Neapel übriggeblieben?

Neulich waren wir spätabends bei Professor Gaetano Broell. Der ausländische Name holländischen Ursprungs ist nichts Besonderes. In Neapel finden sich wegen der verschiedenen Fremdherrschaften ausländische Namen zuhauf: Borgstrom, Acton, Berenson, De Goyzueta und so weiter. In Wirklichkeit ist Professor Broell waschechter Neapolitaner und wie ich und Igalo Junggeselle. Er lehrt Latein und Italienisch an einem Gymnasium, und wie wir beiden hat er, weil er die Stadt tagsüber verabscheut, sein Leben so organisiert, dass er nur nachts richtig lebt. Da geht es um Regeln und die kluge Einteilung der Stunden.

Ich gehe immer gerne zu Professor Broell, weil er eine kleine Katze hat, eine gute Freundin von Fritz. Auch Igalo profitiert von den Besuchen, weil er in Broell einen Gesprächspartner hat, der auf philosophischem Gebiet mit ihm mithalten kann. Es gibt also drei gute Gründe für unsere Besuche: für mich, für Igalo und für Fritz, der sich wie alle Tiere erst richtig in Gesellschaft Gleichaltriger amüsiert.

Professor Broell wohnt in Fuorigrotta im Stadtteil Lauro, in einem Haus ohne Türen. Als es gebaut wurde, war es auf seine Art ein futuristisches Unternehmen. Heute ist es ein Labyrinth; aber wenn man einmal die Wohnung betreten und die Eingangstür zugemacht hat – denn die hat Lauro immerhin anfertigen lassen –, stellt sich die eigene Privatsphäre ein, und jeder kann es sich gemütlich machen. Und was im übrigen die »Tür« betrifft, sagt Professor Broell, so sei diese das erste wirkliche Zeichen der Veränderung des neapolitanischen Lebens gewesen; der Übergang vom Öffentlichen – dem Basso, wo man alles gemeinsam hat: Gebrauchsgüter, Nahrungsmittel, Sitten und Gewohnheiten, Leidenschaften und Krankheiten – zum Privaten, hergestellt eben von der Tür, die vor einer anderen Tür geschlossen wird, hinter der dann die schmutzige Wäsche in der Familie und nicht in der Öffentlichkeit gewaschen wird.

Arm wie eine Kirchenmaus, ist Professor Broell reich an Büchern. Seine kleine Wohnung ist voll davon. Bücher bedecken alle Wände, Bücher sind in seinem Schlafzimmer, in der Küche und sogar im Bad. Ideal für Broell, für Igalo und für Fritz, dem es große Freude bereitet, auf den Bücherborden herumzulaufen und Proben seines Seiltänzer- und Jongleurtalents zu geben.

Igalo hatte zwei Flaschen Gragnano mitgebracht, ich wie immer die Babàs. Broell hatte Vermicelli *alla puttanesca* und ganz frische Makrelen vorbereitet, gekauft in der Via Caracciolo und mit Tomaten, Knoblauch, Oregano und Petersilie gewürzt. Es war ein köstliches Abendessen. Fritz und Look, das Kätzchen von Professor Broell, hatten längst aus ihren Schüsselchen gegessen und spielten in den Bücherregalen. Nach dem Essen halfen wir dem Professor beim Abräumen und Aufräumen des Geschirrs und Bestecks und gingen dann ins Wohnzimmer. Genau in dem Augenblick passierte es, dass die beiden Schlingel beim Fangenspielen zwischen den Büchern ein Buch umstießen, das Igalo direkt auf den Kopf fiel – für Katzen, die ja gewohnt sind, mit äußerster Geschicklichkeit überall herumzuspazieren, ein unverzeihliches Missgeschick.

»Es ist ein Di Giacomo«, sagte Igalo. »Noch einer, der uns nichts mehr zu sagen hat.«

»Aber seine große Dichtung bleibt bestehen«, entgegnete Broell.

»Ja, aber du musst dich in seine Zeit zurückversetzen. Du musst so tun, als sei in der Zwischenzeit nichts geschehen. Hör mal« – und Igalo öffnete das Buch, um vorzulesen: »›*e denare 'e ll'acquaiolo sò cchiù fridde de la neve, ma la gente vene, veve, nun ce pensa e se ne va*‹ – ›das Geld des Wasserverkäufers ist kälter als der Schnee, aber die Leute kommen, trinken, denken sich nichts und gehen wieder‹. Und wo ist der Wasserverkäufer geblieben? Vielleicht gibt es noch zwei oder drei, irgendwo weit weg. ›Bald ist Weihnachten, welch schöne Kälte …‹ Aber was heißt da Weihnachten, wenn alle wegfahren, und was heißt Kälte, wenn überall geheizt wird? Du musst zugeben, es gibt nichts mehr von den Dingen, die Di Giacomo besungen hat. Alles aus und vorbei.«

»Na und? Willst du deshalb zu weinen anfangen?« fragte Broell. »Was gibt es in Rom noch von Belli oder in Mailand von Porta? Aber Gott sei Dank haben wir keine vollgeschissenen Unterhosen mehr wie damals, als wir noch kein Bidet hatten. Wir leiden nicht mehr unter der Kälte, weil wir diesen schönen Ofen haben ...«

»Ist ja gut, du hast ja recht. Aber was ist vom alten Neapel übriggeblieben?«

»Übrig geblieben ist die idiotische Illusion, es könnte oder müsste dasselbe Neapel wie früher sein. Manche gehen auf die Suche nach dem, was es nicht mehr gibt, und können dieser besseren Welt keine einzige Gedichtzeile entlocken. Ihr müsst euch das alte Neapel aus dem Kopf schlagen, nicht nur, weil es vielleicht nie existiert hat, sondern weil es voll war von armen Schluckern, Hungerleidern, von Menschen, die erfroren, die an Auszehrung und Krankheiten starben. Das alte Bild der Stadt wiederaufleben zu lassen ist ein Akt unverschämter Heuchelei, wenn man nicht darauf verzichtet, mit dem Auto auch noch zum Zigarettenholen zu fahren oder den Kühlschrank oder das Bidet zu benutzen. Denken wir lieber daran, die neue Stadt besser zu gestalten. Die gegenwärtige politische Klasse macht gar nichts, eben weil sie die Tochter der alten ist, unfähig, ihre Kultur zu erneuern. Leute, die reden wie du – entschuldige, lieber Igalo –, sind die schlimmsten. Sie predigen Wasser und trinken Wein.«

Bei Don Amilcare

Wir hatten beschlossen, uns zu Amilcare dem Bäcker zu begeben, um eine Spezialität zu essen: Pferdefleisch mit kalabresischen Paprikaschoten, die gebraten aufgehen wie Babàs und nach leicht angebrannten Keksen schmecken. Wie gewöhnlich musste ich erst Igalo im Vico Purgatorio Storto abholen und dann den Professor Broell, der auch eingeladen war. Es war gegen Mitternacht. Abends hatte ich vollgetankt, denn die Fahrt würde lange dauern. Don Amilcare hat seine Bäckerei in Fuorigrotta und seine Wohnung in Camaldolilli, am Ende der Welt, aber dennoch im Zentrum dessen, was Neapel geworden ist.

Ich hatte mir eine bestimmte Marschroute zurechtgelegt: zuerst mit Fritz, der vom Zuhausebleiben nichts wissen will, Igalo abholen und von da schnurstracks ins Lauro-Viertel zu fahren, wo Broell uns erwarten würde. Aber an dieser Stelle muss ich etwas gestehen. Ich liebe die Nacht, aber – und das ist wohl ein Zeichen des Alters – es fällt mir nachts sowohl schwer, Auto zu fahren als auch zu Fuß zu gehen. Darüber habe ich auch schon andere klagen hören. Man sieht nicht gut oder man sieht immer weniger und undeutlicher. Die Stadtverwaltung spart am Strom. Der schwarze Asphalt schluckt das Licht der Autoscheinwer-

fer. Die Scheinwerfer der Motorräder sind wie Fausthiebe aufs Auge. Es gibt immer einen, der die Scheinwerfer absichtlich falsch einstellt: ein Abblend- und ein Fernlicht. Deshalb streift man sich unversehens. Oft berühren sich die äußeren Rückspiegel, es quietscht und knarzt, und während man das Schlimmste befürchtet, wird man durchgerüttelt und schickt Stoßgebete zum Himmel in der Hoffnung, dass alles noch einmal gutgeht.
Und was dann erst los ist in der Via Petrarca bei Nacht: ein Eldorado für Handtaschendiebstahl und mühelos ausgeführte Raubüberfälle. Die Via Caracciolo ist noch schlimmer, dort wimmelt es von Spinnern, Ganoven jeglicher Art und Transvestiten. Niemand würde es nachts wagen, die Villa Comunale zu betreten. In der Via Depretis herrscht die Apotheose der Dunkelheit, weshalb sich nachts jeder Autofahrer wie im Blindflug fortbewegt.
Im Vico Purgatorio traf ich also Igalo, der mit einer vollgepackten Tasche wartete, derselben, die er für die Schule benutzt. Ich dachte, er wolle uns sicher während der Nacht etwas vorlesen. Ich bin ein diskreter Mensch und verlange nie Erklärungen für Dinge, die mir nicht freiwillig berichtet werden … Nach einer womöglich noch mühsameren Hinfahrt (vielleicht, weil man bei der Stadtverwaltung denkt, man könnte die Straßenbeleuchtung nachts sogar ganz abstellen – Pech für die Nachtschwärmer und Herumlungerer) gelangten wir schließlich zum

Lauro-Viertel. Wir trafen Professor Broell an, würdevoll wie immer, der mit Look an der Leine wartete. Die beiden Katzen begrüßten sich stürmisch wie sonst auch. Fritz und Look sind Freunde, aber sie sind keine Christenmenschen. Sie müssen miteinander schmusen und sich von den Siegen und Niederlagen der Woche mit Hunden, Mäusen, Vögeln und Nutten berichten. Im Aufgebot an Nutten kommt Neapel gleich hinter Paris und London. Madrid nimmt den vierten Platz ein. Rom ist außer Konkurrenz, steht absolut an der Spitze.

Wie auch immer – nachdem alle sich ins Auto gequetscht hatten, nahmen wir die Umgehungsstraße, und entsprechend den Anweisungen Igalos fuhren wir in Richtung Camaldolilli. Dort oben im Vomero-Sole-Park wohnen, wie in Franz Kafkas *Schloss*, Leute, die auf die Gelegenheit warten, den sozialen Aufstieg in eine andere, leichter erreichbare Gegend zu schaffen. Wenn man also die endlosen Serpentinen entlanggefahren ist, die zur Via Camaldoli führt (wo sich zwischen zehntausend Gebäuden eine Unfallklinik befindet; deshalb sterben fast alle Verletzten auf dem Transport dorthin), darf man nicht nach Camaldoli-Marano weiterfahren, sondern muss, als befinde man sich am Eingang eines Gartens oder eines Bauernhauses, den Rückwärtsgang einlegen, um in die Via Camaldolilli einzubiegen.

Es handelt sich dabei nicht um eine Straße, sondern um

einen Weg aus gestampfter Erde, ganz von Gestrüpp überwuchert. Hier angekommen, sagte Igalo: »Halt an. Zum Haus von Amilcare müssen wir zu Fuß weitergehen.« Ich parkte das Auto auf einem Haufen von Blättern, Zweigen und Unrat, dann öffnete Igalo endlich die geheimnisvolle Tasche. Er entnahm ihr zwei Harzfackeln und eine Taschenlampe. Eine Fackel gab er mir, die andere Professor Broell, und die Taschenlampe behielt er selbst. Wir schlichen vorwärts, wie sich wohl einst die römischen Soldaten durch die Grotten hindurch nachts hatten voranarbeiten müssen.

Camaldolilli gehört seit mindestens zehn Jahren in jeder Hinsicht zur Kommune Neapel. Es leben dort mehr als zweitausend Menschen, aber die Kommune vergaß, sie in die städtische Planung einzubeziehen, so dass die Straßenbeleuchtung, schwach und unzureichend, die Dunkelheit noch betont. Mühsam kämpften wir uns vorwärts. Tiere streiften uns, vielleicht Füchse, Wildkatzen, Wiesel, Igel, Hasen. Da es sich um wenig vertrauenerweckendes Getier handelte, wollten Fritz und Look auf den Arm genommen werden. Und schon seit einer Weile rief Don Amilcare durch das Geäst des Waldes: »Wer da? Wer da?«

»Wir sind's«, antwortete Igalo – in diesem Neapel, in dem um das Jahr 2000 noch das achtzehnte Jahrhundert existierte.

Dann gab es ein Riesenfest. Wir aßen die Fettuccine, aus

warmem Brotteig hergestellt, mit Tomaten, Käse und Kapern.

Die satten Katzen rollten sich friedlich vor dem Kamin zusammen.

Typisch neapolitanisch

Warum gehen wir ins Restaurant? Um etwas anderes zu essen als das, was wir sonst zu Hause essen. Zu Hause isst man, was gerade da ist: Schinken, Mozzarella, Spaghetti, eine Scheibe Fleisch und basta. Von der berühmten, üppigen neapolitanischen Küche, die Geschick und Geduld verlangt, keine oder fast keine Spur.

Ausgehend von dieser Überlegung lud Professor Broell, als er vom Erziehungsministerium für seine Teilnahme als Beisitzer bei einer Prüfung am Gymnasium von Belluno sechs Jahre später einen Scheck erhielt, zur Feier des seltenen Ereignisses Igalo und mich zum Abendessen in ein Restaurant ein. Da wir alle drei Junggesellen sind, essen wir, was keine Mühe macht. Wir haben nicht die Geduld, eine warme Mahlzeit mit allem Drum und Dran zuzubereiten. Wir sehnen uns nach vielen guten Dingen, die wir in Kindheit und Jugend gekostet und die unsere Mütter zubereitet haben. Aus diesem Grund legte Professor Broell am Telefon Wert auf folgende Feststellung: »Nicht wie sonst Pizze, Calzoni, Pfannkuchen und *panzarotti*. Hin und wieder wollen wir wie zivilisierte Menschen essen. Ich sage ja nicht, dass ich gesottenes Rindfleisch *alla ferrarese* mit grüner Soße oder dergleichen essen möchte, aber einen Reisauflauf, eine Gemüsesuppe mit Siedfleisch, schließlich haben wir Winter, meinetwegen auch eine Pasta mit Blumenkohl, eine Pasta mit Kichererbsen, ein Linsensüppchen mit Peperoncino.«

»Wem sagst du das!« erwiderte Igalo. Und während wir über derlei Speisen mit Igalo debattierten, der behauptete, das sei eine vergebliche Hoffnung, Neapel sei nicht wie Rom, Mailand oder Panicuòcolo, wo es Tausende von Sachen zu essen gibt, darunter auch viele neapolitanische Spezialitäten, machten wir uns auf den Weg zu einem Restaurant, gemeinsam mit Fritz und Look, die ein ganz feines Gespür dafür haben, wenn etwas Gutes in der Luft liegt.

Das Lokal war wunderschön, die Täfelung aus Wurzelholz in Nussbaum. Junge, vornehm wirkende Kellner empfingen uns herzlich. Wir setzten uns in eine abgeteilte Ecke, und als der Kellner kam, sagte Igalo: »Junger Mann, was gibt es Gutes?« Und dann, in scherzhaftem Ton: »Aber bitte nicht die üblichen Spaghetti oder den Edelfisch aus Zimbabwe.«

Der Kellner begriff sofort, dass er es mit einem merkwürdigen Typ zu tun hatte. Er verdrehte die Augen. Er zog die rechte Schulter hoch, hob den linken Fuß, so wie Hitler, wenn er in Rage geriet, und sagte: »Hier haben wir alles: Spaghetti *alle vongole*, mit Miesmuscheln, mit Krabben und geschnetzelten Tomaten. Hier sind wir schließlich nicht in Turin, der Heimat der Polenta, sondern in Neapel, der Heimat der Spaghetti.«

»Aber in Turin«, erwiderte Igalo weise, »gibt es alles beides: die Polenta und die Makkaroni, das Fondue und das Ragout. Apropos, habt ihr einen schönen Makkaroniauflauf, Kotelett mit Knoblauch, Pfeffer und Petersilie, eine *genovese*, gefüllte Makkaroni, eine Gemüsesuppe mit Siedfleisch oder *strozzapreti*? Ich kann Ihnen versichern, das sind alles klassische neapolitanische Gerichte. Oder eine Pasta mit Blumenkohl, Zichorie mit Bohnen, eine Pasta mit Kichererbsen oder Linsen oder eine Stockfischquiche oder eine Pasta mit Kartoffeln?«

Der Kellner sah Igalo an wie vom Donner gerührt, ungläubig, verblüfft, bestürzt, maßlos verwundert, mit weitgeöffneten Augen und Ohren und beinahe zitternd. Nachdem er sich erholt hatte, sagte er: »Aber das hier ist ein Restaurant, keine billige Kneipe. Wir haben hier hochwertige Fische: Goldbrasse, Brasse, Wolfsbarsch, Zahnbrasse, mit Soße oder gebraten …«

»Dann sind wir hier am falschen Platz«, sagte Igalo. »Jungs, lasst uns gehen.«

Also zogen wir weiter und kamen zu einer anderen Trattoria, vielmehr einer Art Magazin, das zu einer Trattoria umfunktioniert war. Es empfing uns der Wirt, der zugleich der Besitzer zu sein schien, mit den Worten: »Setzen Sie sich, nehmen Sie doch Platz, zu Diensten.«

Das Ambiente war schlichter und uns Humanisten eher angemessen.

»Du wirst sehen, dass wir hier richtig sind«, sagte Professor Broell. »Was gibt's? Wir wollen anständig essen, etwas Neapolitanisches, nicht das Übliche.«
»Da haben Sie es richtig getroffen«, antwortete der Mann. Er war pummelig und trug einen üppigen Schnurrbart. »Wir haben alles: Spaghetti *alle vongole*, mit Miesmuscheln oder geschnetzelten Tomaten, Fisch jeglicher Art, Goldbrasse, Brasse, Wolfsbarsch, Zahnbrasse, mit Soße oder gebraten, alles, was Sie wollen, Würste, *friarielli*, *crocché*, *panzarotti*, Pommes frites. Sie brauchen bloß noch zu essen.«
»Sehr gut«, erklärte Igalo. »Aber wir hätten gern eine *frittura di mazzamma*, gebratenen oder gedünsteten Stockfisch, Makkaroniauflauf oder *fusilli alla Cales* oder auch eine *zuppa di soffritto*, gefüllte Paprika, etwas echt Neapolitanisches.«
»Aber was Sie aufgezählt haben, sind alles Sachen, die man früher mal gegessen hat. Sachen, die es im Wirtshaus gab. Heute sind wir zivilisiert.«
»Verstanden, schon verstanden«, sagte Igalo. »Geben Sie uns Vermicelli mit Öl und Knoblauch.« Dann wandte er sich an uns: »Meine lieben Freunde, jetzt haben wir wirklich die Bestätigung: Auch in Neapel ist auf unsere Weise das Fastfood angelangt.«

In Fuorigrotta

Es wird Mitternacht gewesen sein, als wir uns wie so oft zur Bäckerei nach Fuorigrotta begaben, um Don Amilcare unseren Gruß zu entbieten. Don Amilcare ist mit seinem Gehilfen dort, aber er hat es gern, wenn wir ihn besuchen, denn während er weiterarbeitet, hört er uns zu und greift auch ins Gespräch ein, falls notwendig. Don Amilcare besitzt viel Erfahrung – er hat zwei Kriege miterlebt – und Weisheit. Meist ist er gut gelaunt, wenn wir kommen. Diesmal aber war sein Gesicht düster, er selbst wirkte gealtert und gebeugter als sonst, fast als habe er einen Buckel bekommen.

»Was ist denn passiert?« fragte Igalo. »Geht es Ihnen nicht gut? Können wir etwas für Sie tun?«

Don Amilcare beschrieb mit dem Arm und einer Hand einen Halbkreis, um uns zu verstehen zu geben, dass es sich nicht um etwas Konkretes handelte, sondern um etwas Ungreifbares. Wir alle verfielen in tiefes Schweigen. Nur Look und Fritz, die Katzen, hatten sich wer weiß wohin zwischen all die Mehlsäcke verzogen. Wir mögen Don Amilcare sehr gern. Professor Broell sagt immer, die größte Philosophie aller Zeiten, die griechische, sei Frucht der Erfahrung. Und Don Amilcare weiß, dass sich die Zeit un-

aufhörlich wiederholt, dass sie die gleichen Täuschungen an den gleichen Orten wiederholt. Alle erinnern sich an die Schulkameraden oder an die Weggenossen, an die Zeit der Liebschaften und der Bälle, an ein paar unbedeutende Unternehmungen, lächerlich im Vergleich mit denen Cäsars, jedoch wichtig für uns. Dann geht alles vorbei, alles hört auf, alles verändert sich oder stirbt, während eine neue Generation antritt, die die Tradition des Nichts-wie-vorher und des Mehr-als-vorher fortsetzen wird.
Nach diesem Prinzip werden die Schlechteren zu Pessimisten und verzweifeln, die Besseren werden weise und erlangen eine marmorgleiche Ruhe. Die Menschen schlagen sich die Köpfe ein, kämpfen bis aufs Messer, um Geld anzuhäufen, das am Ende gerade gut ist für eine Handvoll Reis oder Nudeln und dreißig Gramm Fisch oder Fleisch. Deshalb kann das Chaos ausbrechen, aber Menschen wie Don Amilcare bringt das nicht aus der Fassung. Als das Erdbeben kam, fuhr Don Amilcare fort zu arbeiten. Da er merkte, dass seine Beine und Hände zitterten, rief er seinen Gehilfen und sagte zu ihm: »Hilf mir, ich habe einen Herzinfarkt.«
Als der Gehilfe antwortete, es handle sich um ein Erdbeben, und weglief, arbeitete Don Amilcare weiter, und zwar aus zwei Gründen: einmal hatte er das Erdbeben von 1929 erlebt, das viel schlimmer gewesen war und bei dem es keinen Zivilschutz gegeben hatte, und er wusste daher, dass

das Erdbeben, wenn es kommt, auch schon wieder vorbei ist, und zum andern, weil ein Erdbeben im Vergleich zu einem Flächenbombardement von vierhundert Fliegenden Festungen ein Kinderspiel ist. Aber unter all den Erfahrungen, die Don Amilcare mitgemacht hatte, gab es keine einzige unwürdige.

»Lieber Professor Igalo, lieber Professor Broell, ich habe schon alles mögliche erlebt. Ich habe gesehen, wie man in ein Zimmer – wenn man es Zimmer nennen will –, in dem schon zehn Personen hausten, weitere fünfzig hineingepfercht hat, wo sie sich bepissten, bekackten und krank wurden. Ich habe gesehen, wie man kleine Jungen genommen und wie Kartoffelschalen weggeworfen hat, aber so etwas habe ich noch nicht erlebt: wie in Friedenszeiten, während die Minister und der Präsident der Republik lächelnd im Fernsehen schwadronieren, keine Ahnung haben, was ihren Untertanen zustößt, und es ihnen auch völlig egal ist, wie da ein Mann mit der Waffe in der Hand hier hereinkommt und sagt: ›Don Amilcare, ich bin wegen der Sache da gekommen, Sie wissen schon, man hat Sie ja angerufen.‹ Und ich steh da, den Mund fest geschlossen wie einen Tresor, schau nicht ihn, sondern die Waffe an und klaube Scheine zu zehn- und fünfzigtausend Lire zusammen. Hier, in meiner eigenen Backstube, in meiner Arbeitskleidung, allein, ohne Verwandte, Freunde oder Bekannte.«

»Aber wann ist das passiert?« fragte Professor Broell.
»Vor einer halben Stunde. Aber was ist das Schlimmste dabei? Dass ein alter Mann einem kleinen Jungen gehorchen muss. Ich hab mich wie der letzte Dreck gefühlt.«
»Aber sie sind doch alle verhaftet worden: Cutolo, Giuliano, Bardellino!«
»Das organisierte Verbrechen ist ein hungriger Drache. Man schneidet ihm einen Kopf ab, und tausend andere wachsen nach. Es war ein Junge in Hose und T-Shirt, wie so viele. Mit der Pistole in der Hand zählte er das Geld und sagte, er würde wiederkommen. Aber ich erschieß ihn. Im Krieg hab ich viele umgebracht. Ich werde im Gefängnis landen. Ja und? In einer Zelle kann man besser über dieses beschissene Leben nachdenken.«
Man hörte nur das dumpfe Prasseln des Feuers im Backofen und das Rascheln, während Fritz und Look zwischen den Mehlsäcken herumstöberten.

Ein exklusiver Hemdenschneider

Professor Broell lebt nur von seinem Gehalt, und wenn erst einmal die notwendigen Ausgaben bestritten sind, bleibt ihm nicht viel übrig. Doch ist er sehr wohl in der Lage zu fasten, um die Regeln der Eleganz aufrechtzuerhalten. Er sagt, wenn man gut gekleidet sei, sei die Armut nur halb so schlimm und könne tapferer ertragen werden. Er stammt aus einer adligen, mittlerweile verarmten Familie und ist ein Fanatiker, was die Kleidung angeht. Seiner Ansicht nach muss alles nach Maß geschneidert sein, weil jeder Mensch einen anderen Körper hat. Milliarden Menschen, Milliarden verschiedene Merkmale und Formen.

Zum Beispiel würde er abends nie eine Krawatte anziehen, die mit irgend etwas Rotem – einer Schleife, einer Blume – verziert ist. Igalo und ich lachen über diese Ticks, aber für den Professor handelt es sich um eine ernste Angelegenheit, fast um eine Ehrensache. Es geht ihm darum, sich von der Masse, die ihm ein Greuel ist, zu unterscheiden.

Die Ärmel eines Sportjacketts dürfen nur einen einzigen Knopf haben, den man aufknöpfen kann, aber die eines Zweireihers müssen vier Knöpfe haben, von denen die beiden oberen zum Aufknöpfen sind. Das Einstecktuch muss weiß sein. Nie würde Professor Broell einen Regen-

mantel anziehen, auch nicht, wenn es in Strömen regnet, weil der Regenmantel angeblich ein militärisches Kleidungsstück ist, das die Männer und Frauen, die vor dem Krieg von 1914 das Licht der Welt erblickten, nicht kannten. Als sein Vater ihn als Jungen ins Old England mitnahm und er von ihm einen Regenmantel erbat, weil er den bei seinen Kameraden gesehen hatte, erklärte ihm der alte Besitzer: »Was willst du denn mit so einem Regenmantel anfangen? Willst du etwa Soldat werden? Der Regenmantel ist ein kriegerischer Gegenstand. Die Engländer haben ihn erfunden, um sich im Schützengraben vor Schlamm und Schnee zu schützen. Um ein Minimum an Anstand zu wahren, gibt es seit eh und je den blauen, auf jeden Fall dunklen Überzieher …«
»Aber heute, lieber Igalo, ist alles schwierig geworden. Wer trägt noch die so bequeme Weste? Und wer sie trägt, der weiß nicht mehr, dass der letzte Knopf immer aufgeknöpft sein muss. Wenn man ihn zuknöpft, wird die Weste zur Bauchbinde. Heutzutage muss man selber dem Schneider oder wer immer sich einbildet, einer zu sein, sagen, wie man einen Anzug oder ein Hemd näht.
Es gibt Hemdenmacher, die nicht wissen, dass die *pinces*, die Stoffalten, eine Schande sind. Sie wissen nicht, dass der vorletzte Knopf etwas weiter oben angenäht werden muss, damit er das Halstuch festhält. Sie sind imstande, ihn mitten auf der Brust anzunähen. Schlimmer, sie wis-

sen nicht, dass die Hemdsärmel in jedem Fall mindestens zwei Zentimeter aus dem Jackett herausschauen müssen. Nur bei den Bauern und bei Stoffeln sind die Jackettärmel länger als die Hemdsärmel. Man könnte verzweifeln, bis man etwas Anständiges gemacht kriegt. Man muss unbedingt genau hinschauen. Das sportliche Hemd muss immer eine Tasche haben, und vor allem muss es am Handgelenk mit zwei dicht nebeneinander angenähten Knöpfen geschlossen werden. Ach, vorbei sind die Zeiten des alten Don Eugenio Marinella in der Piazza Vittoria! Er war der Hemdenmacher von Benedetto Croce, Salvatore Di Giacomo, Gino Doria, Ansaldo, Nazzaro, vom Professor Caccioppoli, vom Senator Palermo und von De Nicola, der, ich übertreibe nicht, die Präsidentschaft der Republik hergegeben hätte für ein perfektes Hemd.«

»Da schau her«, sagte Igalo. »Um sich anzuziehen, musste man damals also ein Diplom machen.«

»Spotte du nur, du weißt nicht, was du sagst. Als Carducci die *Odi barbare* schrieb, wusste er, was eine sapphische, eine alkäische, eine trochäische Strophe ist … Als die neapolitanischen Schneider noch große Schneider waren, war Neapel anerkanntermaßen die europäische Hauptstadt der Mode, mit Millionenumsätzen und Tausenden von Handwerkern. Der Schneider war der einzige, der bis abends zehn Uhr arbeitete, und wurde, genauso wie der Konditor, als Künstler betrachtet, als Person, die an den

Hof eingeladen wurde. Bis in die vierziger Jahre kam man von überallher nach Neapel, um sich mit Anzügen, Hemden, Handschuhen, Hüten und Schuhen auszustatten. Prinz Umberto und vor ihm Vittorio Emanuele und noch vorher Königin Margherita kleideten sich in Neapel ein, und nach ihnen kamen Hofdamen und Kavaliere, hohe Herrschaften und weitere vierundsiebzigtausend, Herzöge, Marquis und Grafen, die diese Stadt unterdrückten. Heutzutage lachen alle über Neapel. Man lässt es links liegen. Von Bari aus fährt man direkt nach Florenz und Mailand, sogar nach Turin, wo es doch vor allem grobes Tuch gibt. Man denke an Missoni, an Armani … Wir hatten früher diese Bedeutung und sollten sie heute noch haben, statt dessen … haben wir verloren. Du hältst das für einen Scherz, diese Milliardenbeträge? Ich will bloß nicht daran denken. Wir sind da, bleib stehen!« sagte er.

Wir stiegen zehntausend steile steinerne Stufen hoch zu einem Mittelding zwischen Gelände und Durchschlupf. Wir kamen zu einer Tür mit der Aufschrift: STRUZZO, EXKLUSIVER HEMDENMACHER. Ein rundliches, fröhliches Männchen machte uns auf und sagte: »Was für ein guter Wind hat Sie hergeweht? Ich habe Hemden, extra für Sie gemacht von Lastrob in Abbiategrasso.«

»Und was sind diese Kragen, die aussehen wie Aufziehvögel? Wie soll ich die anziehen unter einem Meisterwerk von Panico, von Rubinacci oder einem Anzug von Ciardi?«

Die Krippenmacher

»Ein Neapolitaner, der an Weihnachten nicht das Mekka der Krippenmacher in der Via San Gregorio Armeno aufsucht, hat sich seiner Stadt entfremdet. Er hat seine Wurzeln verloren. Er trinkt nicht mehr von der Muttermilch. Besser wär's, er würde überhaupt verschwinden«, sagte Igalo, während wir uns der bewussten Gasse näherten, um unsere alljährliche rituelle Inspektion vorzunehmen. Wie üblich war schon die Gasse an sich ein echtes Schauspiel. Allein mit einer solchen Straße würde jede andere Stadt bequem vom Tourismus leben können. Sie war immer schon etwas Besonderes.

»In alter Zeit stand hier eine Ulme, an der der Preis aufgehängt war. Er wurde denjenigen versprochen, die ins Turnier ritten ...« Hier verteidigt Neapel noch einen Rest an Geschichte. Die abstrakte Schönheit wird zur volkstümlichen Episode.

In dieser Gegend gab es die aufmüpfigen Nonnen von Sant'Arcangelo a Baiano. Hier schufen Handwerker Möbel, die wie Skulpturen wirkten. Hier war das Neapel, das in den tragikomischen Komödien von Trinchera seinen Ausdruck fand, hier waren die Erfinder unserer berühmten Krippe, die Hirten, zu Hause. Wenn man in Begleitung

von Roberto De Simone hinging, wie wir es einmal taten, erlernt man eine ganz eigene Wissenschaft.
Wir gingen ganz gemächlich, Professor Broell, Igalo, ich und die beiden Katzen an der Leine. Sie waren kaum in Zaum zu halten, die armen Tiere, gemartert vom Geruch nach Fritiertem und anderen flüchtigen Düften. Aber Igalo und der Professor nahmen keine Notiz davon. Sie beugten sich über die Auslage mit den anbetenden Hirten, als Igalo plötzlich ausrief: »Die armen Hirten! Was ist aus ihnen geworden! Sie sind alle aus Plastik. Eine Schande! Früher war die Krippe das getreue Abbild eines großen Teils der Stadt. Heute ist sie Ausdruck der Sehnsucht einer Minderheit.«
Ich war nicht seiner Meinung, aber Professor Broell – man musste ihn nur reden lassen! – setzte noch eins drauf und sagte: »Glaub mir, Igalo, mir gefällt die Krippe. Sie weckt bei mir nostalgische Gefühle, aber ich gebe zu, heute ist sie nur noch alter Plunder. Die Kinder halten die Hirten für Hampelmänner. Sie haben keine Ahnung, dass sie eigentlich heilige Gaben darbringen. Aber auch den Erwachsenen ist es mittlerweile egal. Sie fahren nach Roccaraso oder auf die Seychellen, und wenn sie's nicht tun, dann bloß, weil sie nicht können. Nur die Armen und die Kranken brauchen noch die Religion.«
»Die Krippe verkörperte den jahrtausendelang nicht gestillten Hunger der armen Schlucker«, fügte Igalo hinzu.

»Im übrigen sind heutzutage alle gegen die Krippe und wollen statt dessen den Baum haben. Die Krippe erinnert an den Hunger. Die Krippe schmutzt. Der Baum veredelt seine Umgebung. Für die Krippe braucht es eigentlich eine große Wohnung: die schönen großen, feuchten und eisigen Räume von früher. Für den Baum genügt ein Eckchen in einem Einzimmerappartement. Die Krippe wird von Handwerkern hergestellt. Man benötigt dafür Karton, Kulissen, Moos, Wasser, kleine elektrische Anlagen, Berge, Meere, Seen, Wiesen, die Burg des grausamen Feudalherrn und die Hütte des armen Landmanns oder eines elenden Bauerntölpels. Sie stellte den Kampf zwischen Gut und Böse dar, zwischen Herodes und dem Jesuskind. Der Baum ist hingegen das Symbol unserer Tage. Er passt zum Auto wie der Handschuh zur Hand. Die Krippe führt direkt zu Gott oder zumindest in die Kirche; der Baum führt direkt zum Kaufhaus.«

»Warum sind wir dann hergekommen?« fragte Professor Broell.

»Um euch zu zeigen, wie früher einmal die Vorstellung von Reichtum aussah.«

Wir betrachteten die Hirten. Alle trugen sie Schuhe aus Lumpen. Tagelöhner und Bauern brachten die obligaten Geschenke theoretisch dem Jesusknaben dar, in der Praxis aber dem Padrone, der es sich in Neapel wohl sein ließ und sie bei lebendigem Leib aussaugte: Ricotta, Mozzarella, große und kleine Stücke Büffelkäse, Schweineschmalz, Hähnchen, Zicklein, Spanferkel, Innereien, Kutteln, Schinken, Säcke voll Mehl, alle Arten von Fisch, Walnüsse, Mandeln, Haselnüsse, getrocknete Feigen, Orangen, Mandarinen, Zitronen, Birnen, Äpfel, Vogelbeeren, Blumenkohl, Fenchel, Pastinaken, Honiggebäck, Osterkuchen, Krokant und kandierte Früchte.

»Alles unverdauliches Zeug«, sagte Professor Broell und lachte, »unverdauliches Zeug, das heute weder eine bessere Dame noch eine Frau aus der Unterschicht essen würde, auch wenn sie sonst nichts zu beißen hätte.«

In diesem Augenblick trafen wir Donna Vicenza die Behaarte, die Wirtin einer bescheidenen Osteria, die beim Anblick Igalos sagte: »Liebes Professorchen! Wie kommt's? Sie sind hier in der Gegend und schauen nicht bei mir vorbei, um den *soffritto* zu essen, den ich gerade eben gemacht habe? Er ist noch ganz warm, genauso, wie Sie ihn mögen.«

Während unserer Unterhaltung hatten sich Fritz und Look von der Leine losgemacht und waren verschwunden. Donna Vicenza die Behaarte zeigte uns ihre neuen Tapeten und die Stühle mit dem Strohgeflecht. Sie deckte einen schönen Tisch für uns mit einem frischgewaschenen Tischtuch und brachte Brot und Wein. Als sie aber den *soffritto* aus der Küche holen wollte, stieß sie einen Schrei aus: »Heilige Madonna! Schauen Sie bloß her!«

Einträchtig wie zwei üble Geschäftspartner fraßen Fritz und Look den *soffritto* gerade auf. Ruhig und zufrieden leckten sie sich den Schnurrbart.

Weihnachten

Igalo rief mich an, um mit mir zu beratschlagen, was wir an Weihnachten unternehmen sollten. Dann rief mich Professor Broell an, um mir mitzuteilen, dass er, obwohl er beschlossen habe, Weihnachten nicht zu feiern, weil es für ihn ein Tag wie jeder andere sei, und statt dessen ein paar Stellen aus seinem philosophischen Aufsatz durchzugehen oder sich vielleicht sogar im Fernsehen das kindische Zeug von Baudo oder der Carrà anzusehen, bis er darüber einschlief – dass er also trotzdem beabsichtige, Igalos Einladung anzunehmen, schlicht und einfach deshalb, weil der Mensch, wenn er sich unterhält, immerhin daran erinnert wird, dass er noch ein Mensch ist.

Dann rief mich Igalo wieder an, um mir zu sagen, es sei zwecklos, wenn wir uns als Snobs und Zyniker aufführten, wo wir doch trotzdem im Innersten dächten und wüssten, dass Weihnachten sei. Wenn die Ladenbesitzer, die nur ans Geschäft und ans Geld glauben, sich unerschütterlich so wie sonst auch verhalten und ebendeshalb, weil Weihnachten ist, ihre Waren anbieten. Und ebendeshalb, weil Weihnachten ist, schütten die Leute das Wasser mitsamt der Seife weg, wie man in Neapel sagt, wenn jemand verschwenderisch ist. Es wäre zu bequem, fuhr Igalo fort, die

Seele vom Gewicht des Weihnachtsfests zu befreien und so zu tun, als habe das Ereignis, ob es nun stattgefunden hat oder nicht, nicht den Lauf der Welt verändert. Es hat ihn nämlich verändert, indem es die Pietas in das animalische Verhalten der menschlichen Spezies eingeführt hat. Mord und Gewalttätigkeit waren nicht mehr der Beweis von Kraft, sondern führten zu Schuld und Reue. Weihnachten bezeichnete einen Abgrund zwischen Gut und Böse. Auch wenn einer auf die Seychellen fahren will und dabei vollkommen verblödet, weil er so tut, als sei Sommer, während es Winter ist, folgt ihm das schaurig-schöne Ereignis wie ein schillernder Ballon oder eine Blase: ein Ballon, wenn man weiß oder halbwegs überzeugt ist, dass man nichts Böses begangen hat; eine Blase mit Schweineschmalz, wenn man weiß, dass man seine Pflichten verletzt oder jemanden unterdrückt hat, etwas lüstern begehrt, Missbrauch getrieben, jemanden tyrannisch behandelt oder korrumpiert hat und so weiter, da die Fähigkeit des Menschen, den anderen Böses zu tun, grenzenlos ist.
Das war mehr oder weniger Igalos Rede am Telefon. Ich war völlig seiner Meinung; ganz davon zu schweigen, dass Fritz und Look, die ein Teil meines Lebens sind, genau darauf aus sind: aufs Festefeiern; darauf, sich auf anderer Leute Kosten den Bauch vollzuschlagen; dass Gerüche durch das Spinnengewebe ihrer Schnurrbärte strömen.
Dann habe ich Professor Broell angerufen und ihm gesagt,

dass man in jedem Fall auf den lieben Igalo hören solle und dass es sich lohne, sein Programm zu erfahren. Also sind wir mit meiner Schrottlaube und denen, die wir als unsere Kinder betrachten, nämlich Fritz und Look, losgezogen. Welcher Friede, welche Weite, welches Licht! Man muss zugeben, dass so ein Auszug an Weihnachten, an Ostern, im Frühling oder im Sommer oder auch mitten in der Woche eine wahre Wohltat ist. Wie rasch man vorankommt. Wie gut die frische Luft tut. Und ohne die vielen Menschen kommt Neapel an die Oberfläche, fast als liege es sonst unter Wasser. Es brauchen bloß die geballten Massen wiederzukommen, und schon sieht man Neapel nicht mehr. Machen Sie die Probe aufs Exempel: Gehen Sie bei Tag über die Piazza Municipio. Das Meer ist nur noch eine Hypothese. Geht man bei Nacht vorbei, umhüllt einen das Meer wie ein gestirnter Mantel.

Im Nu sind wir im Vico Purgatorio Storto vor Igalos Haus, und Igalo griff sofort in die Debatte ein.

»Jungs«, sagte er, »wir sind alle fünf, Fritz und Look einbegriffen, bei Donna Rufina eingeladen. Für sie ist Weihnachten immer noch Weihnachten, ein Fixpunkt im Leben. Aber ich möchte nicht zu Donna Rufina. Es sind anständige Leute, bestimmt bessere als wir, aber bei sich zu Hause haben sie ein paar hässliche Angewohnheiten. Wenn es Ragout gibt, probieren alle davon: sie selbst, die verrückte Tochter, die Transvestiten (ihr erinnert euch?)

und die Schauspieler, alle nehmen denselben Löffel, so dass es kein Ragout mehr ist, Fleisch mit Tomaten, sondern ein Sugo aus Spucke. Also ist es mir gelungen, sie zu überzeugen, mit ihrem ganzen Anhang zu mir zu kommen. Wenigstens wissen wir dann, was wir essen. Ihr werdet feststellen, dass mein Heim ganz prächtig geworden ist.«
Tatsächlich war mir schon seit einer Weile aufgefallen, dass eine junge Frau mit einem Putzlumpen in der Hand hin und her ging. Sie trug ein ziemlich kurzes Kleid, hatte einen vorstehenden, nervösen kleinen Hintern und ein Paar dünne, gewissermaßen elektrische Beine, die Baudelaire sehr gefallen hätten, diesem großen Dichter, der die mageren Frauen liebte.
»Wer ist denn das da?« fragte Professor Broell.
»Die Putzfrau. Sehr tüchtig und ehrlich. Sie kommt zweimal im Monat.«
»Sie hat schöne Beine«, sagte ich.
»Sie ist tüchtig, aber ein bisschen merkwürdig«, sagte Igalo.
»Inwiefern?« fragte Professor Broell.
»Sie hat untenrum nie was an.«
»Wie bitte?« rief Professor Broell und erbleichte.
»Sie hat eine merkwürdige Angewohnheit«, antwortete Igalo. »Wenn sie kommt, geht sie gleich auf die Terrasse, zieht die Unterhose aus, so als wäre es ein Hut, und hängt sie auf.«

»Was erzählst du da?« rief Professor Broell blass und mit erstickter Stimme.

»Siehst du nicht die Unterhose draußen auf dem Draht hängen? Wenn sie fertig ist mit Putzen, zieht sie sie wieder an und geht. Einmal hab ich sie gefragt: ›Sisina, warum tust du das bloß?‹ ›Professò‹, hat sie gesagt, ›wenn ich arbeite, muss ich frei sein.‹

Professor Broell war fassungslos, obwohl er sich fünfzig Jahre lang mit Philosophie befasst hat.

Ein Traum von Neapel

Vielleicht lag es am Kampf, der im Körper entfesselt wurde zwischen Austern, Venusmuscheln, *taratuffoli*, Vermicelli, Aal, Stockfisch, Seebarsch, Salat; an dieser gewaltigen Schlacht, die die Leberenzyme kaum zu regulieren vermochten – jedenfalls wälzten wir uns alle, ich, Igalo und Professor Broell, in der Nacht zwischen Heiligabend und dem 25. Dezember im Bett hin und her und konnten nicht einschlafen. Als wir uns am späten Nachmittag des 25. gegenseitig anriefen, um uns ein frohes Fest zu wünschen, vertraute jeder dem anderen an, dass er geträumt hatte. Folglich wurde sofort beschlossen, dass wir uns gegenseitig von den angströmialen Abgründen erzählten, in die wir gestürzt waren. Als wir uns bei Professor Broell eingefunden hatten, oblag es mir, als erster meinen Traum zu erzählen.

Ich erzählte, dass ich mich an einem unbekannten Ort befand, als sich plötzlich der winzige Fritz in ein rasendes wildes Tier verwandelte, eine Art Zerberus, der mich wie ein Polizeihund mit sich zerrte, der den Ort entdeckt hat, wo die Drogen versteckt sind. Ich glaube, wir waren irgendwo oben auf dem Posillip, aber der konnte es dann doch nicht sein, denn von dem, was ich kannte, war keine

Spur zu sehen: weder der Smog von der Zementfabrik noch die Gasflammen von Italsider. Das riesige Areal, größer als ganz Amalfi, war planiert, gesäubert, dem Erdboden gleichgemacht, dann neu bebaut und in etwas verwandelt worden, was man heute ein Feriendorf nennen würde, mit einer Festbeleuchtung, strahlender und prächtiger als Paris *by night*.

An einem klaren, bestirnten – orientalischen –Himmel zeichneten sich die Fialen der Türme der Grandhotels ab: des Fortune, des Resurrezione, des Three Kings on the Rhine, des Mandarin, des Okura, Vestbury, Petit Cochon und des Nisidios. Jedes Hotel stand inmitten eines ausgedehnten Parks, bestanden mit schlanken, noblen, hoch aufragenden neapolitanischen Strandkiefern. In den Alleen fuhren mit rasender Geschwindigkeit bunte kleine Züge hin und her und tauchten in den Untergrund ab, gelb-rote Straßenbahnen ohne verglaste Fenster, wie man sie in Mexiko kennt, sogar hin und wieder eine Kutsche, prächtig und riesengroß wie die, die man nächtens in New York zwischen der Fifth Avenue und dem Central Park sieht, und hier und da gab es steinerne Sitze, Buchsbaumhecken, *cafés chantants*, Riesenräder für die Kinder.

Einer zierlichen Limousine entstiegen zu meinem Erstaunen Königin Elisabeth I. von England, die jungfräuliche Königin, vielleicht auch nur eine *demi-vierge*, endlich wieder ausgesöhnt mit dem hocheleganten Grafen von

Essex, den sie zu Lebzeiten aus verschmähter Liebe und politischem Realitätssinn hatte köpfen lassen. Nun näherten sie sich mit anderen Hochwohlgeborenen dem Three Kings on the Rhine, in dessen Alleen sich, was noch erstaunlicher war, der Schwiegersohn Cäsars und der Ingenieur Strabo ergingen; letzterer sprach bereits über den Niedergang der Gegend, weil sich zu viele Herrschaften Lusthäuser erbaut hatten, vom lasziven Coroglio und von der Insel Nisida, die beleuchtet wurde von einem Schwarm Gestirne mit Schwänzen, die wie Banner funkelten.

Es war nicht zu fassen, dass antike und moderne Halbgötter von Cäsar bis hin zu Winston Churchill sich Neapel ausgesucht hatten als Ort, wo sie sich ein paar Tage Erholung gönnten. Von Fritz über die Wiese gezerrt, die sich vom Abhang bei Capo di Posillipo bis zum Beginn von Pozzuoli erstreckte, traf ich auf Sir James Boswell, den Freund und Schüler Johnsons und eine große Klatschbase, der sich eben wegen seiner Neigung, die erotisch-mondänen Skandale dieser großen Geister zu schildern, in Coroglio befand. Ich stellte ihm die Frage: »Wie kommt's, Sir James, dass Sie in dieser Gegend sind?«

»Weil das Klima von Neapel seit Jahrtausenden das gemäßigtste der Welt ist. Deshalb haben sich die Römer, Vergil, Horaz und Co., immer in dieser Gegend aufgehalten. Und kaum hat sich das Gerücht verbreitet, dass die Zementfabrik und Italsider zugemacht hatten, die ja auch kaum mehr als fünftausend Menschen in Lohn und Brot setzten, im Vergleich zu den Zehntausenden von heute, und dass alles so ansprechend hergerichtet worden war, mit unterirdischen Zügen, die dieses Paradies stracks mit dem Hafen, dem Flughafen und dem Bahnhof verbinden, da haben wir keinen Augenblick gezögert und sind nach Neapel zurückgekehrt, weil es keinen besseren Ort auf der Welt gibt. Man braucht gar nicht zu erwähnen, dass die Königin und der Graf Essex, die Hohenzollern, die Romanow, der Graf Agnelli und Onassis abends gern nach Nisida fahren, um ein raffiniertes Mahl einzunehmen und eine Partie Twist oder Roulette zu spielen.«

»Nisida?« fragte ich.

»Ja, Nisida«, antwortete er. »Sehen Sie es nicht da drüben? Es duftet nach Früchten und Weinbergen. Und es gibt Spargel und jungen Salat in Hülle und Fülle. Ja, man hat wieder den berühmten landwirtschaftlichen Anbau reaktiviert, für den die Insel in der Zeit der Anjou berühmt war.«

Als mir klar wurde, dass ein Engländer mehr über Neapel wusste als ich, wurde ich ohnmächtig und fiel aus dem Bett. Und als ich die Augen wieder aufschlug, sah ich, dass der arme Fritz Tränen vergoss und mich mit seinem lieben Pfötchen streichelte.

Igalos Traum

Kaum hatte ich meinen Traum erzählt, in dem es um die mögliche Verwandlung von Nisida und Coroglio gegangen war, begann Igalo, der als zweiter an der Reihe war, seinen Traum zu erzählen.

»Schön«, sagte er, »wunderschön, dein Traum. Wenn Neapel wieder seine ganze Umgebung zurückbekommen könnte, wäre es wie Rio de Janeiro: eine unaufhörliche Abfolge von Küsten, Buchten, Stränden. Die Stadt würde steinreich. Aber es ist merkwürdig, auch ich habe einen halb städteplanerischen, halb geographischen Traum gehabt. Irgendwann befand ich mich wie auf einem fliegenden Teppich in der Nähe von Lago Patria auf einem gigantischen internationalen Flughafen. Auch die Flugzeuge von Condor konnten dort landen – und landeten dort. Ich hatte nur noch eine vage Erinnerung an meine alte Heimatstadt. Sie war mit allem, was sich darin befand, von riesigen Mauern umschlossen, wie Troja. Wer wollte, konnte hingehen und sich die berühmten Bassi anschauen – die Höhlen für den zur Ratte verkommenen Menschen – oder die *funnèche*, die langgestreckten Bassi, wo bis zu hundert Personen schliefen, wie in den Lagern der Nazis, und das in der katholischsten und menschlichsten Stadt des ganzen Universums; er konnte sich die wunderschönen Kirchen ansehen, zu Ehren eines Gottes erbaut, der, wenn nicht ungerecht, dann doch ganz bestimmt launenhaft ist: er erschafft das Schöne und das Hässliche, den Gesunden und den Kranken, den Klugen und den Dummkopf, den Reichen und den Armen, die ausgesetzten Köter und die Schoßhunde, die Museen voller Kunstwerke, die sich mit einer verschwundenen Gesellschaft befassen und folglich heute nur noch von abstrakter Schönheit sind, die niemanden mehr etwas lehrt. Untergegangene Zivilisationen.

Das neue Neapel begann hingegen beim Viale Augusto und dehnte sich in Form eines Rechtecks bis zu den Toren einer weiteren verschlossenen Stadt aus: Rom. Die Stadt hatte sich Bagnoli, Pozzuoli, Quarto, Mondragone, Sessa Aurunca und viele weitere Dörfer und Gemeinden einverleibt und war riesig geworden. Von vortrefflichen Architekten entworfen, nicht wie einst das alte Neapel für große und kleine Kutschen, Gassen und Sträßchen geplant, sondern für Millionen Automobile, Flugzeuge und Hubschrauber, war die Stadt praktisch in zwei Teile geteilt: einen unten liegenden Teil für Garagen, alle möglichen Läden, Büros, Banken, Gerichtsgebäude und einen weiter oben liegenden Teil, der für Spaziergänger bestimmt war und jede Menge Universitäten besaß, Sportplätze, moderne Kirchen, Schulen und Kindergärten,

Theater, Kinosäle, Fernsehstudios, drehbare Krankenhäuser, so dass sie immer der Sonne ausgesetzt waren, und vorbildliche Gefängnisse, denn man braucht den Menschen nicht mit tausend Schikanen und mit der Einengung seines Lebensraums zu quälen: es genügt, wenn man ihm die Bewegungfreiheit nimmt. Die Friedhöfe waren großzügig angelegt und begrünt.
Ich traute meinen Augen nicht. Der Verkehr floss auf diesen hundert Meter breiten und mindestens dreißig Kilometer langen Straßen stets zügig, und ich kam mir beim Flanieren wie ein peripatetischer Philosoph vor. Und trotz allem hatte dieses neue Neapel außerhalb der Mauern keine seiner Eigentümlichkeiten verloren. Immer noch gab es in der Höhe das Castel Sant'Elmo, den Vesuv und den Faito – diese vergessene Alm des Südens – und das unendliche Meer. Die Stadt grenzte noch immer an das Meer des Posillip, an Coroglio, Bagnoli, Pozzuoli, Cuma, Bacoli, Miseno. Ja, all diese Orte waren deutlicher sichtbar, und man konnte sie sowohl mit öffentlichen als auch mit privaten Verkehrsmitteln auf Alleen erreichen, die von Platanen, Eichen und Eukalyptusbäumen gesäumt waren.
Im übrigen hatte keiner die alte Stadt vergessen. Morgens gingen die Schulkinder hin und lernten, wieviel schlechter man früher gelebt hatte; nachmittags fuhren die alten Leute hin, um wieder innerhalb ihrer einstigen urbanen Umgebung zu leben; und abends begaben sich die Jungen

in die Bars, in die Pizzerien und die Spaghettilokale, in die Nachtclubs und in die Pensionen, um auf die alte Art und Weise zu flirten: romantisch, zärtlich und sündhaft. Das alte Neapel war dichtgemacht worden, doch es lebte auf die ihm am meisten entsprechende Art weiter: um des geistigen und körperlichen Vergnügens willen.

Hatte man die Tore hinter sich gelassen, fand man einen riesigen Parkplatz vor für Kutschen, Droschken, Landauer, Phaetons, *cabs*, Fiaker, *broughams*, Tilburys, für die die Stadt vor ungefähr hunderttausend Jahren geplant und gebaut worden war. Eine uralte Stadt, die jedoch zur touristischen Attraktion und außerordentlich reich geworden war. Die neue Stadt, in der ich mittlerweile in einem komfortablen Bungalow lebte, war so konstruiert, dass sie die Sonnenenergie nutzen und ständig mit dem Rest der Welt in Verbindung bleiben konnte. Ein hoher Turm mit einem Computer im Zentrum überragte die Stadt, so dass jedermann dank des elektronischen Melderegisters sofort über alles informiert war: die Börsenkurse, die politische Lage weltweit, die Zahl der Kranken, der Toten, der Lebenden, der Arbeitslosen, der Verbrechen und der Verbrecher, der ehrlichen und der unehrlichen Politiker und über die Arbeitsmöglichkeiten. Es genügte, liebe Freunde, dass man aus dem Haus ging und um sich blickte, um Bescheid zu wissen und das Beste hoffen zu können. Leider war auch das, genau wie bei dir, nur ein Traum.«

Professor Broells Traum

»Leider, liebe Freunde«, sprach Professor Broell, »war mein Traum in der vergangenen Nacht genau das Gegenteil eurer heiteren Phantasien von der bezaubernden Verwandlung unserer Stadt. Fritz und Look wissen etwas davon, und obwohl es Tiere sind, waren sie geschockt. Ich weiß nicht genau, was passiert ist; fest steht, dass ich von großer Schläfrigkeit befallen wurde und träumte, ich würde unter dem finsteren Gewölbe eines der über dreißigtausend Bassi erwachen, die es noch in Neapel gibt.

Etwas Düstereres habe ich noch nie gesehen. Der Basso befindet sich auf derselben Höhe wie die Abwasserkanäle. Hier haust man zusammen mit den Abfällen von der Straße, mit den Ratten, den Kakerlaken, den Würmern, kleinen Schlangen, den Nachtfaltern, den Bremsen, den Flöhen und den hartnäckigsten Mücken. Hier herrscht Eiseskälte im Winter und Gluthitze im Sommer. Nicht einmal Pulcinella, der auf dem Land geboren ist, wo es viel Platz gibt und luftig ist, hat das Elend und die Schrecken des Basso erlebt. Wie ein Bild von van Gogh ist der Basso etwas, was einen verfolgt. Wem es gelingt, ihn zu verlassen, der kann nur mit sich selbst reden und das Schicksal verfluchen. Die Zimmerdecke endet im Ruß des Elends, der Fußboden an der Feuchtigkeit des Grabs. Der Raum ist eng wie eine Gefängniszelle, so dass sich allmählich Wahnideen entwickeln bis hin zum Tick und zur Raserei. Der Basso ist eine Strafe: eine Art und Weise, das Denken, die Moral und den Gemeinsinn des Menschen auf Null zu reduzieren.

Die früheste Erziehung wird einem Menschen durch die Behausung zuteil, in der er geboren wird. Eine anständige Wohnung produziert freundliche, versöhnliche Menschen. Eine ekelhafte, enge, in der die Menschen dicht aufeinander leben, produziert bedrückte, servile Menschen. Ein Basso aber – eine Höhle – kann nur ahistorische, schizoide Tiere produzieren, und von ihnen ein ziviles Benehmen zu erwarten wäre wirklich lächerlich und zynisch. Der Basso ist der Nullpunkt der Menschheit.

Und ich, Fritz und Look wussten nicht, wie wir aus diesem Loch herauskommen sollten. Der Gestank, der vom Plumpsklo herrührte, war bestialisch. Und während Fritz und Look begriffen hatten, dass ich diesem Alptraum unbedingt entrinnen wollte, überlegte ich, wie Eduardo de Filippo und Giuseppe Marotta es fertiggebracht hatten, dass ganz Italien über die Menschen aus den Bassi lachte. Sich vorzustellen, welche Rolle es für einen vom Hunger gepeinigten Menschen aus den Bassi spielte, ob er an Weihnachten eine Krippe aufstellte oder nicht! Man sieht, dass diese beiden gedankenlosen Herren, die bestimmt weder je einen Basso gesehen noch in einem gewohnt haben, eine lustige Vorstellung davon hatten. Sonst hätten sie mindestens Reformen gepredigt oder wären zu Anklägern geworden wie Bertolt Brecht.

Schließlich, nach einem akrobatischen Auf und Ab, wie es nur Katzen fertigbringen – Fritz und Look wiesen mich auf merkwürdige Riegel hin, die wie Folterinstrumente im Boden angebracht waren –, gelangten wir ins Freie: ins Halbdunkel der Gasse, wo das Licht nur eine matte, vage Erinnerung war. Wir befanden uns in einer Art Schlauch, wo abgerissene Menschen mit bläulichweißer, fast schon verwester Haut sich stumm und hochmütig bewegten. Nur ein sehr großer Mann, größer als alle anderen, mit einem Kopf, so groß wie eine Orange, und einem Stimmchen wie eine Geige rief: ›Geht in Deckung, der Karren kommt!‹

Der Karren war fast so breit wie die Gasse. Er sammelte Abfall auf und Geschöpfe, die nichts Menschliches mehr an sich hatten. Aber außergewöhnlich war nicht so sehr das monströse Vehikel, sondern die Müllmänner waren es: vier riesige Ratten mit rasierklingenscharfen Zähnen, die infernalisch kreischten. Fritz und Look verkrochen sich tief in meine Taschen. Ich machte mich so klein, dass mein Kinn die Knie berührte, und rief: ›Zum Meer, zum Meer!‹ Und Gott streckte seine Hand aus, und wir waren gerettet. Wir befanden uns auf der Piazza vor der Kirche Il

Gesù. Ein unglaublicher Verkehrsstau: Stoßstangen hatten sich ineinander verklemmt. Es hieß, der Verkehr sei schon vor Tagen zum Erliegen gekommen, und der Zustand werde noch tagelang dauern.
Nur noch die Fußgänger kamen voran. So geschah es, dass wir, nachdem wir dicht an den Mauern vorbeigeschlichen waren, die Küste genau an dem Punkt ereichten, wo der Arzt Pietro della Valle sich ausgeruht hatte. 1586 in Rom geboren, befand sich dieser leidenschaftliche Reisende, Ritter und Literat, der 1611 in der spanischen Armee gegen die Türken gekämpft hatte, 1614 in Konstantinopel; 1616 war er in Bagdad, dann in Isfahan, der persischen Hauptstadt, am Hof von Abbas I. 1621 ist er in Hormuz, bereit, die Segel zu lichten, um das Kap der Guten Hoffnung zu umrunden und dann nach Goa in Indien weiterzufahren. Von Hormuz bis nach Rom führt er wie einen Koffer einen Sarg mit sich mit dem Leichnam seiner Frau Sitti Maani, einer Chaldäerin, und beklagt sich unentwegt über alles mögliche, darunter auch den Unterschied zwischen Neapel und Konstantinopel: Das Meer bei Konstantinopel ist beispielsweise völlig verschmutzt, das von Neapel kristallklar. In Konstantinopel konnte er kein Fußbad nehmen, weil seine Füße sonst völlig verdreckt worden wären. In Neapel ging es nicht, weil es zu viele Fische gab, die ihn unangenehm an den Knöcheln gekitzelt hätten.

In Gedanken an Pietro della Valle und in der Hoffnung, von den Mäulchen der Meerbarben samt ihrer Familie gekitzelt zu werden, geriet ich mit den Füßen auf einmal in eine Kloake. Und seitdem, liebe Freunde, habe ich immer Angst und das Gefühl, schmutzig zu sein, wenn ich in Neapel zu Fuß gehe.«

Silvester

Es sah aus, als würde es ein ganz banales Silvester im Sinne Leopardis: ein Silvester wie das im Jahr zuvor, wie das im Jahr 1886, im Jahr 86 nach Christus und im Jahr 86 vor Christus, aber dann gab es, zumindest für Neapel, eine große Überraschung. Mit Fritz an Bord meines kleinen Autos begaben wir uns, nachdem wir wie üblich Igalo und Professor Broell abgeholt hatten, zum festlichen Abendessen zu einem Kybernetiker, der nicht wünscht, dass sein Name genannt wird, und der in einem winzigen Appartement in der Via Manzoni wohnt.

Igalo brachte eine Flasche Dom Pérignon mit, Professor Broell eine Flasche Sekt. Der Gastgeber hatte uns mit kleinen Langusten mit Zitrone, Cotechino mit Linsen und einer Cassata bewirtet. Wir fühlten uns sehr wohl, unterhielten uns über dieses und jenes, über das wohlverdiente Pech Neapels, darüber, dass man immer bezahlen muss, wenn man Neapolitaner ist, und als es Mitternacht schlug, entkorkten wir, wohl wissend, dass das Jahr 1987 ganz genauso sein würde wie alle anderen Jahre, die Flaschen und stießen auf das neue Jahr an, wie immer es werden würde.

Nur Igalo feuerte einen Feuerwerkskörper ab als Symbol

einer alten Vergangenheit und in Erinnerung daran. Er warf ihn wie eine leere Streichholzschachtel auf die Terrasse unseres Gastgebers. Im Vergleich zu den früheren Jahren gab es eine viel üppigere Festbeleuchtung, die aber immer noch bescheiden war verglichen mit der vom Jahr 1943 – als die englischen und amerikanischen *boys*, die nach Neapel gekommen waren, um uns von der faschistischen und der nazistischen Tyrannei zu befreien, die Neapolitaner bewunderten wegen ihrer Fähigkeit »*de fuego*«, wie Hemingway sagte, der als Jäger von Löwen und mythischen Fischen bedeutender denn als Schriftsteller war.

Die Silvesternacht von 1943 auf 1944 war außerordentlich und unvergesslich. Wer sie erlebt hat, kann es bezeugen. Das Elend war so groß wie der ganze Planet Erde, aber die Hoffnung auf eine bessere Zukunft hatte ebensolche Ausmaße. Das Feuerwerk dauerte vier Stunden. Eingehüllt in Nebelschwaden waren der Posillip und Villanova, Porta Capuana und Porta Nolana, die Via dei Cristallini und Sanità. Mit dem Feuerwerk wollte man das Unglück und den bösen Blick für immer vertreiben, den Schrecken und die Schrecken der Vergangenheit, aller Vergangenheiten Neapels: der Zeit der Könige, der Vizekönige und der des Risorgimento; man wollte das alte Neapel für immer auslöschen und begraben.

Professor Broell, von dieser Begeisterung mitgerissen,

schrieb unter seinem Pseudonym ein Buch mit dem Titel *Spaccanapoli*, ein Buch der Hoffnung und der Befreiung. Und eben als Verfasser – unter anderem – dieses Buchs war er am Morgen des ersten Januar unter seinem echten Namen zur Teilnahme an der morgendlichen Fernsehsendung mit Badaloni und seiner sympathischen Begleiterin eingeladen worden. Das Silvesteressen endete früh, um zwei Uhr morgens. Um sieben Uhr sollte Professor Broell sich den Fragen des Journalisten Massimo Milone stellen. Und an dieser Stelle erhebt sich wie eine Pyramide die Überraschung. So wie Igalo und ich daran gewöhnt, nachts zu leben, fiel es Professor Broell leicht, sich drei, vier Stunden lang auszuruhen und währenddessen wie sonst auch den *Dialog zwischen einem Kalenderverkäufer und einem Passanten* zu lesen, um schon von Beginn des neuen Jahres an gefestigter und realitätsbezogener zu sein. Um halb sieben ging er ins Bad, rasierte sich, wusch sich gründlich, parfümierte sich mit einem erfrischenden Kölnischwasser mit einer Spur Bergamottöl, nahm dann, nachdem er schließlich angezogen war, sein Auto (das er nachts nie fährt, weil er schlecht sieht) und fuhr zu seinem Termin beim Fernsehen.
Er war sich sicher, zu dieser Stunde die Straßen ganz leer vorzufinden, doch waren sie buchstäblich so verstopft, wie er es noch nie erlebt hatte. Noch nie, selbst in den großen Tagen Maradonas, hatte es in Neapel einen solchen flä-

chendeckenden Stau gegeben. Ein Dutzend Busse, die im Stau steckengeblieben waren, sahen aus wie triste Kühe, die plötzlich in einem Fluss voll blutdürstiger Piranhas überrascht wurden. In weitem Umkreis stand alles still, war reglos und blockiert. Professor Broell überlegte nicht zweimal, sondern ließ das Auto stehen und ging im Laufschritt eines Bersagliere in Richtung Fernsehsender.

Zusammen mit ihm war eine Masse von zehntausend, hunderttausend, zweihunderttausend jungen Leuten, Männern und Frauen, unterwegs, die Urenkel der armen, zerlumpten, schmutzigen, verdreckten und ausgehungerten Vorfahren von 1943 und 44. Junge Männer, die sicher aus den Gassen der Altstadt, den Bassi und neuen, ebenfalls gesteckt vollen Vierteln stammten, aber elegant angezogen waren. Mädchen in langen Kleidern, behängt mit Armbändern und Halsketten und mit Blumen im Haar. Es war acht Uhr morgens, und seit zwei Uhr nachts waren sie auf den Beinen, fröhlich und lebhaft, tranken Cappuccino, Espresso, Coca-Cola, Bier und aßen Croissants. Kein Vergleich mit der blassen, abgezehrten, unterernährten Jugend von anno dazumal.

»Ich hab was mitgemacht, mein lieber Igalo«, erklärte Professor Broell viel später am Telefon, »als ich den ganzen Weg zu Fuß gehen musste. Aber es war mir ein Trost, diese unzähligen jungen Leute zu sehen, voller Elan, die genauso aussahen wie die französische, englische, deutsche und amerikanische Jugend, junge Menschen, die mit den ganzen schrecklichen Tabus gebrochen haben und stolz darauf sind, dass sie leben und sich behaupten. Meiner Ansicht nach, lieber Igalo, ist das die Jugend, die Neapel definitiv verwandeln wird, lange bevor die Politiker es merken. Gutes neues Jahr!«

Ein Brief aus der Fremde

Neulich abends bei Professor Broell ging es uns richtig gut. Nachdem wir eine ganz schlichte Mahlzeit gegessen hatten – Spaghetti mit kleinen Tomaten, ein bisschen Mozzarella und Obst –, beschlossen wir, Musik zu hören. Zuerst hörten wir uns die ganz unglaubliche Symphonie Nr. 3, die berühmte *Rheinische* von Schumann, an, dann die *Hammerklaviersonate* – praktisch die Entdeckung des modernen Klaviers – von Beethoven und dann die *Sonate in d-Moll* von Scarlatti, unserem Landsmann, der ganz und gar keine schlechte Figur machte. Aber die große Überraschung war die Lektüre zweier Prosatexte – weitere sind uns versprochen worden – von Professor Broell. Fritz und Look gaben wir ein buntes Gummibällchen und ein Fadenknäuel, damit gingen sie zum Spielen in die Küche und störten uns nicht.

»Es sind Kleinigkeiten«, sagte Professor Broell, »aber ich lese sie euch trotzdem vor. Ein amerikanischer Freund hat mir einen Brief geschickt, in dem er von seinem Heimweh nach Neapel schreibt. Unter anderem trauert er dem ganz einfachen Leben in der Stadt nach und einer Trattoria, wo er häufig Pasta mit Bohnen aß. Von dieser Trattoria und diesem berühmten Gericht hatte er mir während seines

Aufenthalts in Neapel oft und ausführlich erzählt, aber ich habe es nie bis dorthin geschafft. Jetzt habe ich beschlossen, allein hinzugehen, um dieses Lokal in Augenschein zu nehmen. Edmond Bator, der Konsul, hatte recht. Zunächst einmal kann man nicht von Trattoria sprechen. Es handelt sich um ein richtiges Kellerlokal, und wenn über der Tür ein Buschen aufgehängt wäre, wie er einst das Wahrzeichen der alten Osterie war, könnte man noch vor Betreten der Schenke glauben, man setze den Fuß in eine jener historischen Spelunken aus dem siebzehnten Jahrhundert, aber in vollem Betrieb.

Der Ausschank, die aufeinandergestapelten Fässer, die spinnwebbedeckten großen Flaschen, die grünblauen, zum Abtropfen umgedrehten Flaschen, der Geruch nach Ragout und nach *soffritto* – mit einem schwachen Duft nach gedünsteten Bohnen, die man mit einem aus der Schale einer roten Zwiebel bestehenden Löffel isst –, nach Stockfisch, *fritturina di mazzamma*, nach Pasta und geschmorten Bohnen, pikantem Provolone und herbem Wein, die kupfernen Kochtöpfe, blitzend wie Rüstungen von Kriegern in Erwartung des Kampfes, an den Wänden aufgehängt, ein kleines Fischernetz, wie ein Bild von Burri an der Wand ausgebreitet, die Arroganz des Wirts und seiner Angestellten, die Gäste mit ihrem rauhen Dialekt (in der großen Mehrheit Arbeiter, Maler mit ihrer aus Zeitungspapier gefertigten Mütze auf dem Kopf, Gemüse-

händler, Bäcker, Polsterer, Elektriker, Klempner, Maurer, Taxifahrer, Gasmänner und Gepäckträger) – all das stellt einen Augenblick der Glückseligkeit dar.
Wenige Worte werden gewechselt zwischen dem Wirt und der Kundschaft und den Gästen untereinander. Eine Aristokratie des Seins, die sich dessen selbst gar nicht bewusst ist. Alles ist zweckgerichtet. Alles ist Teil einer richtiggehenden Partitur der Handlungen: das nach Bauernart vor der Brust geschnittene Brot, die in dicke Scheiben geschnittene Salami, der mit einem großen Messer zerteilte Provolone, die mit Salz und Pfeffer bestreuten Sardinen, die bis auf den Schwanz verzehrt werden, der Wein, der den Freunden wie in einem orientalischen Ritus angeboten wird. Und all das nicht, um irgendwie auf ursprünglich zu machen, nein, diese Sorte Menschen ist sich im Grunde gleich geblieben. Edmond hatte recht.«
Heftiger Applaus von mir und Igalo und in gewisser Hinsicht auch von seiten der Katzen, die bei dem Lärm angelaufen kamen. Dann begann Professor Broell, auch den anderen Text vorzulesen.
»Eine alte amerikanische Lehrerin – langer Rock, Schnallenschuhe, Brille, große Tasche – und hinter ihr wie eine Herde ein Dutzend Jungen und Mädchen, blond und sommersprossig, dann noch zwei kleine Schwarze, gewandt wie Spatzen und neugierig wie Papageien, marschieren an dem kleinen Hafen von Mergellina entlang. Irgendwann

bleiben die Kinder, Wunder über Wunder, wie angewurzelt am Ufer stehen: Da ist ein großer Bottich, in dem sich zwei blassbraune Tintenfische totstellen. Hin und wieder öffnen sie ein Auge, um zu überprüfen, ob der Fischhändler noch da ist und ob die Möglichkeit besteht, in die heimischen Meerestiefen zu verschwinden. Es stellen sich die Miss wie auch die Kinder, eingeschüchtert und zugleich angezogen von den beiden merkwürdigen Tieren, neben den Fischhändler. Der alte Mann begreift, dass es diesmal nichts zu verkaufen gibt, dass er aber eine Schar Kinder glücklich machen kann. Also packt er mit seiner großen dunklen Hand, die nach Salz und nach dem Ruder riecht, den größeren der beiden Tintenfische und holt ihn heraus, als wäre es das Haupt der Medusa in der Hand von Perseus.

Was für ein Graus! Was für eine Wonne! Erst stieben die Kinder erschrocken auseinander, dann kommen erst die Mädchen, dann die Buben näher, und eine Heldin geht so weit, dass sie mit der Spitze eines Fingerchens einen monströsen Fangarm mit den zwei Reihen Saugnäpfen berührt. Jetzt wollen die Kinder den Namen des Tiers wissen, seine Gewohnheiten, wie es seine Beute jagt, was für kühne Taten es vollbringt, und der Fischhändler, vielleicht ein weitgereister ehemaliger Matrose, der ein wenig Englisch kann, erklärt alles auf seine Art, und zwar so gut, dass sich der Bürgersteig in die Schule eines peripatetischen Naturkundelehrers verwandelt. Und die Miss? Kleiner als alle anderen, lächelt sie und weint, wie wenn die Wolken mit der Sonne spielen.«

Professor Broell verlässt Neapel

Professor Broell ließ uns alle zu sich nach Hause kommen, um sich zu verabschieden. Er verlässt Neapel und geht in ein Kloster, ein Dorf von wenigen Seelen in der Gegend von Sannio. Er verlässt Neapel, aber er würde auch Rom, Florenz, Mailand, Turin oder Amsterdam verlassen, weil das Maß voll ist, wie er sagt, weil es überall mehr oder weniger dasselbe ist, weil man nicht leben kann in einer Umgebung, in der man aufpassen muss, was man anzieht, und wo man mir nichts dir nichts entführt, gefangengehalten und versteckt und nur gegen ein hohes Lösegeld der Mutter, der Frau oder den Kindern zurückgegeben wird. Ein ungeheures Verbrechen, so häufig, dass es geradezu alltäglich und dem Staat vollkommen einerlei ist.

»Ich gehe fort, meine Freunde«, sagte Broell. »Es tut mir leid, euch zu verlassen, aber ich weiß, es ist richtig. Im übrigen tun wir zwar so, als wüssten wir das nicht, doch ist jeder von uns gezwungen, in den Grenzen eines Dorfes zu leben. Wenn ich ein Buch kaufen will, muss ich zum einzigen richtigen neapolitanischen Buchhändler an der Port'Alba gehen, der auch längst vergriffene Bücher führt, und dann muss ich den Preis fürs Taxi dazurechnen. Ich habe einen sehr gebildeten Freund, Professor Gabriele

Catalano, der auf dem Vomero wohnt. Um ihn zu besuchen, muss ich studieren, wann der Verkehr am geringsten ist, muss den Weg dorthin austüfteln und verliere einen halben Tag. Das entmutigt mich und macht mich obendrein arm. Ich habe Freunde in Mailand und Rom, die jeweils vierzig Kilometer voneinander entfernt wohnen. Sie können sich nur am Telefon unterhalten, wenn die Leitungen nicht überlastet sind. Der Verkehr, der uns einander näher bringen sollte, hat uns voneinander entfernt. Und die Leute, die Sklaven des Autos sind, kaufen weiter Autos, so groß wie Triebwagen. Gestern morgen ging ich um fünf Uhr aus dem Haus. Die Stadt schlief noch, aber sie wurde bestürmt und verstopft von Hunderttausenden von Autos. Dieser Schrott zerstört jegliche Schönheit.«

»Das ist wahr«, sagte Don Amilcare der Bäcker. »Von den sechzig Kameraden aus meiner ersten Grundschulklasse leben noch ungefähr zwanzig, aber seit Jahren schaffen wir es nicht, uns zu sehen.«

»Meine liebe Donna Rufinella, es tut mir leid, Sie zu verlassen.«

Uns allen wurde schwer ums Herz. Fritz und Look, die auch Gefühle kennen, waren ganz brav, weil sie sahen, wie bedrückt wir waren. Sie verkrochen sich auf unserem Schoß und störten nicht. Das Abendessen war karg gewesen, ebenso wie das Abendmahl von Leonardo: ein Fisch, ein Stück Brot, ein bisschen Obst, ein Schluck Wein.

»Aber in Wahrheit gehe ich aus zwei Gründen weg«, fuhr Professor Broell fort. »Ich habe alles mitgemacht und ertragen: Kriege, Krankheiten, Gefängnis, Erdbeben. Aber die Einsamkeit kannte ich nicht. Die Einsamkeit macht mich kaputt. Mein Vater besaß nichts, aber er war immer in Gesellschaft. Die Helden meines Vaters waren Napoleon, Garibaldi, Giolitti. Die Helden unserer Tage sind Pippo Baudo, die Carrà und Maradona. Und wozu habe ich dann so viele Bücher gelesen, Musik gehört und die Schauspieler des Old Vic bewundert? Ich bin nicht darauf vorbereitet, mir von morgens bis abends Dummheiten anzuhören und vor allem von Leuten jeglicher Couleur umgeben zu sein, die sich von morgens bis abends Dummheiten anhören. Deshalb habe ich beschlossen, als Laienbruder ins Kloster zu gehen, weil dort zumindest eine Art Gemeinschaft gewährleistet ist.«

Wie hätte man ihm widersprechen sollen?

»Aber der Vorfall, der mir wirklich den Rest gegeben hat, lieber Igalo, war folgender. Vor einigen Tagen waren abends hier bei mir eine Lehrerin, ein Arzt und ein Ingenieur. Ich weiß nicht mehr, warum, aber man wollte einen Zeitungsartikel lesen. Ich hatte meine Lesebrille gerade nicht zur Hand und bat deshalb die Lehrerin, die schön ist und eine schöne Stimme hat, ihn uns vorzulesen. Du meine Güte, wie sich das anhörte! Sie verschluckte die Wörter, übersprang immer wieder eine Zeile, erfand Silben, die nicht dazugehörten, hielt schlagartig inne vor dem Satzende wie jemand, der unversehens vor einer Mauer steht. Stellt euch vor, ich hätte ihr einen Leopardi, einen Davanzati oder einen Bartoli gegeben … Wir sind vollgestopft bis obenhin mit Bildern jeglicher Art, mit Beethoven-Motiven im Dienst der Würste und des Parmesans, und das Lesen ist so schwierig geworden wie die Wiedergabe eines arabischen, hebräischen, chaldäischen oder talmudischen Textes. Das ist heute eine andere Kultur, die Kultur der Bilder, die Kultur derer ohne Gedächtnis, die Kultur der Hörigen, die ›Gesellschaft der passiven Schwachsinnigen‹, wie Moravia sagt. Ihr könnt sie für euch behalten. Ich bin in einer Zeit geboren, in der man las, sich unterhielt und spazierenging, drei fundamentale Aktivitäten, die niemand meines Alters mehr ausüben kann.«

»Ziehst du denn für immer weg?« fragte Igalo.

»Ach, das weiß ich nicht. Vorläufig gehe ich jetzt erst mal. Bruder Teofilo, mein alter Freund, der mich schon seit Jahren zu diesem Schritt drängt, erwartet mich. ›Komm, wir erwarten dich‹, sagte er mir neulich am Telefon. ›Du wirst in Armut leben, aber heiter. Wir werden lange Spaziergänge in den Wäldern von Vallechiara machen.‹«

Donna Vicenza die Behaarte sagte: »Professò, dort backen sie gutes Brot.«

Professor Broell kehrt zurück

»Kannst du zu mir kommen?« fragt mich Igalo am Telefon. »Ich kann dir ein Linsensüppchen mit Knoblauch, Petersilie und Zitrone anbieten. Für Fritz und Look habe ich Kutteln und Lunge besorgt. Sie können zusammen essen. Also, ich erwarte dich. Ich habe eine gute Nachricht für dich.«

Mein Fiat 500 war kaputt. Also habe ich Fritz an die Leine genommen und bin mit ihm zu Fuß bis nach Mergellina gegangen. Es war ein Uhr nachts, und von dort waren wir mit dem Taxi in wenigen Minuten vor Igalos Tür. Er wirkte ganz aufgekratzt und hielt ein Blatt Papier in den Händen: einen Brief, geschickt von Professor Broell, der aufs Land geflohen war.

»Spitz die Ohren und hör zu: ›*Hoc erat in votis: modus agri non ita magnus, / hortus et tecto vicinus iugis aquae fons / et paulum silvae super his foret …* / Das war mein Traum: ein nicht allzu großes Stück Land, wo es einen Garten gibt und nah am Haus eine Quelle mit frischem Wasser und nicht weit weg ein kleines Waldstück.‹

So ein Blödsinn! Ich befinde mich in einem großen Dorf, das buchstäblich von vielzylindrigen Autos umgeben ist, weshalb es ein Rätsel ist, wie man einen Parkplatz finden soll. Autofahren ist hier, wie wenn man sich anzieht. Niemand macht auch nur einen Schritt zu Fuß … Mit Bruder Teofilo und Professor Bracale, der fünf Messdiener des Seminars Moralphilosophie und Theologie lehrt (das Kloster ist halb verlassen wie ein wegen Betriebsferien geschlossenes Hotel), der aber meiner Meinung nach nicht einmal den Katechismus lehren könnte, begab ich mich in eine Trattoria, wo uns ihnen zufolge sowohl Luxuriöses als auch beste Hausmannskost erwartete: Pressack, *capicollo*, Huhn und Kaninchen aus Freilandhaltung, hausgemachte Pasta, lauter Gerichte, die es in der Stadt nicht mehr gibt. Der Besitzer, ein Dickerchen mit Schnauzbart vom Typ Provinz-Bonvivant, offerierte uns eingelegtes Gemüse von Cirio, Salami von Citterio, Spaghetti mit Muscheln aus der Dose, und das in einem trostlosen, eiskalten Raum, der nach aufgewärmtem Essen roch …

Und dann trat eine Gruppe aufgeregter Männer ein, von denen einer Professor Bracale zu sich rief, um ihm etwas ins Ohr zu flüstern, was Professor Bracale sofort Bruder Teofilo berichtete, der hastig aufsprang. Die Signora T. hatte sich am Nachmittag mit Doktor B. aus dem Staub gemacht. Eine leckere Suppe, in der man mindestens ein Jahr lang das Brot eintunken konnte. Vergeblich versuchte ich, das Gespräch auf ein weniger barbarisches Thema zu lenken. Hier liefert ein Ehebruch Gesprächsstoff für alle und Denksprüche für die Prediger, die die Gelegenheit nutzen, von der Kanzel Blitze zu schleudern. Mit gespielter kollektiver Entrüstung wurde die Frau angeprangert (Rabenmutter, schändliches Weibsbild, Nutte und so weiter); der für seine Abenteuer bekannte Arzt, Stolz des Dorfes, wurde gepriesen. Ich jedoch dachte bei mir, dass die Frauen in der Provinz nicht einen einzigen Schritt nach vorn gemacht haben.

Man gestattet ihnen nur, Auto zu fahren. Morgens schickt man sie zur Arbeit (es sind alles Lehrerinnen, Verwaltungs- oder Postangestellte), weil sie es sind, die das Geld nach Hause bringen. Nachmittags arbeiten sie als Hausfrau und Mutter und schauen sich Fernsehserien an. Sie gehen nie aus, und wenn doch, weiß man, wohin. In den Bars und Clubs sind immer nur Männer, und nur, wenn mal irgendeine Theatergruppe gastiert, nehmen sie ihre Frauen mit. Ansonsten leben sie zwischen strenger Tradition und schlimmen Zumutungen verschiedenster Art, genau wie meine Großmutter …

Sie haben hier viel komfortablere Wohnungen als wir, mit mindestens drei Bädern, die den Stolz einer Familie ausmachen, vollgestellt mit Möbeln und Nippes. Ein Fernseher im Schlafzimmer, ein zweiter im Esszimmer, ein weiterer in der Toilette. Sie haben alle erdenklichen elektrischen Haushaltsgeräte, weshalb mir endlich klar wurde, an wen sich die Fernsehwerbung richtet. Sie kaufen alles, was ihnen vom Bildschirm befohlen wird. Sogar die Familien versuchen, den in der Werbung vorgeführten zu ähneln: sie muss schön, er sympathisch sein, mit zwei süßen Kindern, einem Mädchen und einem Jungen. Die Gegenstände, die man in unseren Läden kaum findet, stellen sie in den Schaufenstern aus: Feuerzeuge, Schlüsselanhänger, Füller, Uhren, Jacken, Krawatten, Schuhe und so weiter. Niemand im Ort wagt, etwas zu tragen, was nicht ein Markenartikel ist. Auch darauf sind sie stolz …

Ihre Kultur reicht vom Fußball bis zu Pippo Baudo und der Carrà, mit ein paar Ausnahmen. Das Angebot der Buchhandlungen, eigentlich eher Papierwarengeschäfte, ist armselig. In den Zeitungsblättchen finden sich hymnische oder erpresserische Artikel. Sie drücken sich nicht vor der Arbeit, weil sie in den Büros stets ihre üblichen alten Freunde treffen. Würden sie wegbleiben, wären sie allein, und hier kennt man nicht die Wonnen der Einsamkeit.

Vor allem wissen sie, dass die Stadt Blut und Tränen kostet, und obwohl sie die Städter um ihre ungeheure Bewegungsfreiheit und die Freiheit des Privatlebens beneiden, geben sie sich mit ihrer Immobilität zufrieden. Die Jungen, die nur äußerlich modern eingestellt, in Wirklichkeit aber voller Vorurteile sind, wollen einen Arbeitsplatz im Dorf, aber soviel verdienen wie die in der Stadt …

Die Bar und der Club bleiben in hundert Jahren noch die Orte, wo man sich trifft: in der Bar wird *scopa, scopone, tressete, briscola* gespielt und getratscht, im Verein spielt man Canasta, Poker und Bridge, und dort frönt man auch mondänen Vergnügungen alla Scarpetta … Und deshalb, lieber Igalo, kehre ich in meine kleine Wohnung in Neapel zurück … Wenn ich an all das denke, was ich gesehen und gehört habe, wird es mir weniger ausmachen.«

Anmerkungen der Übersetzerinnen

7 *Quartieri spagnoli*: Im 16. Jh. vom spanischen Vizekönig Pedro Alvarez de Toledo gebautes, schachbrettartig angelegtes Stadtviertel, zunächst für das Militär.

9 *Eduardo de Filippo* (1900–1984): Berühmter neapolitanischer Schauspieler, Theater- und Drehbuchautor.

13 *panelle*: Längliche Brötchen.

Trimalchio, Petronius: *Das Gastmahl des Trimalchio* ist die längste erhaltene Episode aus dem Roman *Satyricon* von Petronius.

14 *Anton Dohrn* (1840–1919): Zoologe. Erbaute und leitete die Deutsche Zoologische Station in Neapel. Nach ihm ist das berühmte Aquarium Neapels benannt.

16 *Forcella*: Berüchtigtes Viertel zwischen dem genauso berüchtigten Viertel Sanità und dem Centro storico.

Pulcinella: Figur der Commedia dell'arte. Verkörperung des typischen Neapolitaners.

20 *Bassi*: Ebenerdige, fensterlose Wohnungen, die sich vor allem in den Quartieri spagnoli befinden.

21 *Scarfoglio, Edoardo* (1860–1917): Neapolitanischer Schriftsteller und Journalist, Mann der berühmten Autorin Matilde Serao, mit der zusammen er die Zeitung *Il Mattino* gründete.

28 *Villa Pignatelli*: Klassizistische Villa an der Riviera di Chiaia parallel zur Uferstraße; heute Museum.

33 *Benedetto Croce* (1866–1952): Philosoph, Historiker, Politiker, Kunstkritiker von außerordentlich großem Einfluss.

38 *Viertel V.*: Gemeint ist der Vomero.

41 *Ferragosto*: Von lat. Feriae Augusti = Festtag des Augustus. Ferragosto bezeichnet nicht nur den Tag, an dem Mariä Himmelfahrt gefeiert wird – den 15. August –, sondern allgemein die Ferienzeit davor und danach.

42 *Villa Comunale*: Langgestreckter Park parallel zur Riviera di Chiaia. Angelegt im 18. Jh. zwischen Piazza della Repubblica und Piazza Vittoria, mit Palmen und schönen Brunnen. Seit 1873 befindet sich dort auch das Aquarium.

43 *Carducci, Giosuè* (1835–1907): Dichter und Literaturwissenschaftler; erhielt 1906 den Nobelpreis.

48 *Sommerfrische*: Im Italienischen *villeggiatura*, abgeleitet aus dem lateinischen *villa* = Landhaus.

50 *Foscolo, Ugo* (1778–1827): Italienischer Dichter.

54 *Fusaro-Austern*: Werden gezüchtet im kleinen Salzwassersee Lago di Fusaro bei Neapel.

Vico Purgatorio Storto: Igalo wohnt also mitten in der Altstadt, nahe der Via Tribunali, die wiederum Teil von »Spaccanapoli« ist, der berühmten Straße, die das historische Zentrum teilt.

56 *Napoletano che cammina*: Essayband von Gino Doria (1888–1975).

58 *Segno dei 4*: Film nach einem Roman von Arthur Conan Doyle.

59 *Ragazzi di vita*: Titel eines 1955 erschienenen Romans von Pier Paolo Pasolini.

60 *Pippo Baudo (geb. 1936)*: Berühmter Fernsehmoderator seit den sechziger Jahren.

63 *Porta Nolana, Porta Capuana*: Viertel mit vielen Secondhandläden und Flohmärkten.

67 *Mastriani, Francesco* (1819–1891): Populärer neapolitanischer Romanschriftsteller und Journalist.

68 *(Sette) Opere della misericordia*: Gemälde Caravaggios, das die »Sieben Werke der Barmherzigkeit« darstellt; befindet sich in der Kirche Monte della Misericordia.

69 *Guappo di cartone*: Titel einer 1932 aufgeführten Komödie von Raffaele Viviani.

Kapitän Matamoros: Auch der Kapitän ist eine Figur der Commedia dell'arte.

70 *Marotta, Gerardo (geb. 1927)*: Anwalt und Philosoph, Gründer des Istituto Italiano per gli Studi Filosofici.

71 *Giorgio Napolitano*: Seit 2006 Präsident der Republik Italien.

72 *Pizzofalcone*: Westlich der Piazza del Plebiscito gelegenes Viertel mit Gebäuden aus dem 18. und frühen 19. Jahrhundert, z.B. dem Palazzo Serra di Cassano.

Nunziatella: Kadettenanstalt des italienischen Heers, 1797 gegründet und in einem ehemaligen Jesuitenkloster untergebracht.

75 *Lauro, Achille* (1887–1982): Großreeder und Politiker der Faschisten und Neofaschisten, gründete 1923 eine eigene Flotte; 1952–1958 Bürgermeister von Neapel.

76 *Di Giacomo, Salvatore* (1860–1934): Neapolitanischer Komponist, Dichter, Dramatiker, Essayist; berühmt für seine Liedertexte.

77 *Belli, Giuseppe Gioacchino; Porta, Carlo*: Lyriker des 19. Jhs. Belli schrieb Gedichte im römischen Dialekt, Porta im mailändischen.

86 *Strozzapreti*: Nudelsorte.

89 Das zweite *Erdbeben* ist das von 1980.

91 *Cutolo, Raffaele (geb.* 1941) und *Bardellino, Antonio* (1945–1988): Beide waren Bosse der neapolitanischen Camorra. Die Giuliano sind eine aus Forcella stammende Camorra-Familie.

95 *Abbiategrasso*: Ort bei Mailand.

96 *Trinchera, Pietro* (1702–1755): Schrieb Komödien im neapolitanischen Dialekt.

97 *De Simone, Roberto (geb.* 1933): Komponist, Opernregisseur, Musikwissenschaftler. In den 80er Jahren des 20. Jhs. künstlerischer Leiter des Teatro di San Carlo in Neapel.

99 *soffritto*: In Öl angebratene Zwiebeln mit Gemüse, in der neapolitanischen Variante auch mit kleingeschnittenen Innereien.

101 *Carrà, Raffaela (geb.* 1943): War vor allem in den siebziger Jahren Fernsehmoderatorin.

108 *Ingenieur Strabo*: Der griechische Geograph Strabon (ca. 63 v. Chr. – 20 n. Chr.).

James Boswell (1740–1795): Schottischer Schriftsteller und Rechtsanwalt. Seine Biographie des Gelehrten Samuel Johnson ist eines der bedeutendsten biographischen Werke der englischen Literatur.

Nisida: Eine der kleinen Inseln der Phlegräischen Inselgruppe.

110 *Lago Patria*: Ort am Meer bei Neapel. Heute Ortsteil von Giugliano in Campania.

115 *Marotta, Giuseppe* (1902–1963): Neapolitanischer Schriftsteller. Sein berühmtestes Buch ist der Erzählungsband *Das Gold von Neapel* (dt. 1954).

117 *Pietro della Valle* (1586–1652): Forschungsreisender und Reiseschriftsteller. Die deutsche Erstausgabe seiner Reisebeschreibungen erschien 1674.

119 *Silvester im Sinne Leopardis*: Bezieht sich auf Leopardis »Dialog zwischen einem Kalenderverkäufer und einem Passanten« (Teil der *Operette Morali*).

Cotechino: Kräftig gewürzte Wurst aus Schweinefleisch. Zusammen mit den Linsen ein typisches Silvestergericht.

Cassata: Diese sizilianische Spezialität besteht u.a. aus Ricotta, Biskuit und kandierten Früchten.

121 *Spaccanapoli*: Ist nicht nur die berühmteste Straße von ganz Neapel (vgl. Anmerkung zu S. 54), sondern auch der Titel des ersten Werks von Domenico Rea, 1947 erschienen.

Badaloni, Piero (geb. 1946): Fernsehjournalist ab 1971. Wurde besonders bekannt und gelobt für seine Berichte über das Erdbeben 1980.

125 *Burri, Alberto* (1915–1995): Künstler, bekannt vor allem für seine Collagen aus den verschiedensten Materialien.

129 *Port'Alba*: Zentrum der Verlage, Buchhandlungen und Antiquariate, ganz in der Nähe der Via Toledo gelegen.

131 *Giolitti, Giovanni* (1842–1928): Antifaschistischer Politiker, war zwischen 1892 und 1921 neunmal Ministerpräsident und sechsmal Innenminister.

133 *Hoc erat in votis...*: Horaz (*Satiren* 2,6).

134 *Cirio, Citterio*: Bekannte Firmen, die Lebensmittel herstellen.

136 *scopa etc.*: Kartenspiele.

137 *Scarpetta, Eduardo* (1853–1925): Schauspieler und Autor von Komödien im neapolitanischen Dialekt. Einer seiner unehelichen Söhne war Eduardo de Filippo (vgl. Anmerkung zu S. 9).

Salvator Rosa
Museo
Museo Nazionale
Piazza Museo Nazionale
S. Agnello Maggiore
S. Maria di Costantinopoli
Galleria Principe di Napoli
Accademia di Belle Arti
Teatro Bellini
S. Maria della Sapienza
San Efremo Nuovo
Ospedale Gesù e Maria
Piazza Mazzini
Piazzetta Trinità alla Cesarea
Piazza Cesarea
Santa Maria della Pazienza
Salvator Rosa
Via Salvator Rosa
S. Potito
Corso Vittorio Emanuele
Montesanto
Stazione Cumana di Montesanto
Stazione Corso Vittorio Emanuele
Funicolare di Montesanto
S. Maria di Caravaggio
S. Giuseppe d. Scalze
Largo Tarsia
S. Domenico Soriano
S. Michele a Port'Alba
Porta Alba
Piazza Dante
Dante
Convitto Nazionale Vittorio Emanuele II
Conservatorio
Ss. Trinità d. Pellegrini
Ospedale dei Pellegrini
Spirito Santo
Pal. Doria D'Angri
Gesù Nuovo
Piazza d. Gesù Nuovo
Pal. Carafa di Maddaloni
Pignasecca
S. Nicola
Pal. Gravina
S. Maria Donnalbina
Monteoliveto (S. Anna dei Lombardi)
Punto Touring T. C. I.
Poste e Telegrafi
San Liborio alla Carità
Piazza Carità
Via Toledo
Via Monteoliveto
Castel Sant'Elmo
Petraio
Largo S. Martino
Certosa di San Martino (Museo Nazionale)
San Sepolcro
Santa Lucia
Montecalvario
Largo Montecalvario
Instituto Universitario Suor Orsola Benincasa
Stazione Petraio
Funicolare Centrale
Cariati
Santa Maria Apparente
San Nicola da Tolentino
Stazione Corso Vittorio Emanuele
Trinità degli Spagnoli
Pal. Intendenza di Finanza
Piazza G. Matteotti
Provincia
Via Armando Diaz
Questura
S. Maria Incoron.
Banco di Napoli
Pal. S. Giacomo (Municipio)
S. Giacomo D. Spagnoli
La Pietà dei Turchini
Piazza Municipio
Via Medina
S. Brigida
Galleria Umberto I
Stazione Toledo
Rosario di Palazzo
San Carlo alle Mortelle
Piazza Mondragone
Teatro San Carlo
Castel Nuovo
S. Ferdinando
Piazza Trieste e Trento
Palazzo Reale (Museo e Biblioteca Vittorio Emanuele III)
Prefettura
Piazza Carolina
Piazza del Plebiscito
Palazzo Cellamare
Chiaia
S. Maria degli Angeli a Pizzofalcone
Politeama
San Francesco di Paola
Palazzo del Princ. di Salerno
Giardino del Molosiglio
Santa Caterina a Chiaia
Piazza dei Martiri
Palazzo Calabritto
Pizzofalcone
Palazzo Serra
Nunziatella
Largo Nunziatella
S. Maria d. Vittoria
Piazza Vittoria
Stazione Zoologica (Acquario)
Villa Comunale
Via dei Mille
Via Gaetano Filangieri
Via Chiaia
Riviera di Chiaia
S. Lucia a Mare
Santa Lucia
Via Cesario Console
Via Ferdinando Acton
Via Vittorio Emanuele III